시로 만나는 경남

내 손안의 경남 002

시로 만나는 경남

초판 1쇄 발행 2010년 8월 25일

저자_조재영 ‖ 펴낸이_윤관백 ‖ 편집_이경남·김민희·하초롱 ‖ 표지_김현진
펴낸곳_도서출판 선인 ‖ 인 쇄_대덕문화사 ‖ 제 본_바다제책
등 록_제5-77호(1998. 11. 4)
주 소_서울시 마포구 마포동 324-1 곳마루B/D 1층
전 화_02)718-6252/6257 ‖ 팩 스_02)718-6253 ‖ E-mail_sunin72@chol.com
정가_12,000원

ISBN 978-89-5933-373-8 04900(세트)
ISBN 978-89-5933-375-2 04900

시로 읽는 경남

| 조재영 |

선인
도서출판

경남은 행정구역으로 보면 모두 8개의 시와 10개의 군으로 이루어져 있다. 각 지역마다 문학의 소재가 되었거나 문인을 기리는 유적들이 많이 남아 있는데, 이 글은 그 문학 유적들을 통해서 경남을 다시 살펴보자는 취지에서 비롯되었다. 그러다 보니 자연스럽게 답사가 필수 요건이 되었다.

경남의 곳곳을 답사하는 동안 잘 모르고 지나쳤던 지역의 문학 유적을 재발견할 수 있었다. 시비를 포함한 문학비, 창작 공간 등이 답사의 대상이 되었는데, 책의 제목에서도 알 수 있듯이 시비 중심으로 내용이 펼쳐지고 있다. 소설과 연관된 문학 유적의 경우, 특정 소설 전문을 돌에 새길 수 없으므로 '소설비' 라는 명칭 대신에 '문학비' 라는 포괄적인 명칭을 사용하는 경우가 많았다.

시비(詩碑)는 문학비 중에서 차지하는 비중이 매우 높고 그 형태도 다양했다. 주로 지역 자치단체와 문학 단체가 공동으로 주관하여 건립하는 경우가 대부분이었으나, 개인이 독자적으로 건립하는 경우도 있었다. 또한 문학적 업적이 아직 검증되지 않은 시인의 시비가 있는가 하면, 주변 조경을 위하여 특별한 연고 없이 아파트 촌 산책로에 조성된 것도 있었다. 이 책에서 다루는 내용은 크게 '문학유적으로서의 보편성과 가치' 라는 두 가지 기준을 가지고 선정되었다. 경남의 문학유적 중에서 문학성을 가지면서 일반인들이 공감할 수 있는 것이 기본적인 대상이 되었다. 그런 이유로 부록의 '경남의 지역별 문학 유적' 에서 정리된 내용을 전부 다루고 있지는 않다.

시비의 형태는 매우 다양하게 나타나는데, 이 다양한 형태에 대해서는 별도의 용어 정의가 필요하게 되었다. 독립적으로 시비가 건립된 경우도 있지만 다른 시인들의 것과 병행하여 건립된 경우, 혹은 특정한 목적을 가지고 집단적으로 모여 있는 경우가 그 대표적인 형태들이다. 그래서 이들을 각각 단독시비, 병행시비, 복합시비 등의 명칭으로 부록에 별도로 정의해 두고 있다.

자료를 마무리하면서 '어떤 것이 가장 좋은 문학비인가?' 하는 물음이 생겼다. 그 외관이 작품의 내용과 어울려야 한다거나 적절한 크기로 적절한 곳에 위치해야 한다는 당위는 접어 두고서 말이다. 그 결과 적어도 많은 공을 들여서 세운 문학비라면 어떤 형태로든 기능을 해야 하지 않을까 하는 결론에 도달하였다. 지금 이 순간에도 많은 작품들이 창작되고 있고, 문학비들이 준비되고 있어서 경남의 문학 지도는 현재진행형이다. 다만 근래에 생긴 유적은 언론의 집중적인 조명을 받고 있지만 기존의 유적들 중에는 훼손되거나 방치된 채 잊히고 있는 것 같아 아쉽다.

이 책의 문장은 내용을 조금 더 편안하게 전달하기 위해서 친근한 기행문 형식을 빌리고 있다. 따라서 집필의 순서는 자연스럽게 창원에서 시작하여 가까운 곳부터 먼 곳으로 순차적으로 이어진다.

이 책이 경남을 이해하고 아끼는 데 조그만 기여가 되었으면 더 바랄 것이 없겠습니다. 대상의 선정에 많은 조언을 해 주신 민병기 교수님과 자료 조사에 도움을 주신 한정호 선생님께 특별한 감사의 말씀을 드립니다. 아울러 책의 발간에 많은 관심을 기울여 주신 경남학연구센터 소장님을 비롯한 여러 교수님들께 감사드립니다.

2010. 6.
조재영

시로 만나는 경남

1

고향의 봄을 맞는 고장, 창원

1) 용지호수에서 맞이하는 「고향의봄」
2) 용지호수 산책길에서 만나는 시인 황선하

용지공원에서 맞이하는 「고향의 봄」

봄날의 창원은 꽃 대궐이다. 창원의 대동맥 창원대로변에는 벚꽃이 개화를 하고, 온 산에 지천으로 진달래가 덮인다. 이 무렵이면 어김없이 각종 문화예술 행사가 열리는데, 그 중심에 용지공원이 있다. 아마도 창원시민이 가장 아끼는 공간이 바로 용지공원이 아닐까 싶다. 이곳을 산책하다 보면 제일 먼저 눈에 띄는 것 중의 하나가 바로 '고향의 봄' 시비이다. 용지공원 표지석도 있고 팔각정도 있지만 누가 뭐래도 용지공원을 대표하는 상징물은 '고향의 봄' 시비라고 할 수 있다.

아동문학가 동원 이원수 선생의 고향이라는 사실만으로도 창원은 매우 큰 문학적 유산을 가진 셈이다. 우리 아동문학계에 이원수만큼 다양하게 작품 활동을 벌인 이도 드물다. 이원수를 일반에게 가장 널리 알리는데 기여한 작품은 동요 「고향의 봄」이다. 이 작품의 배경에 대해서 《월간소년》1980년 10월호 회고록에서 다음과 같이 밝히고 있다.

창원읍에서 자라며 나는 동문 밖에서 좀 떨어져 있는 소답리라는 마을의 서당엘 다녔

| 「고향의 봄」 시비 |

다. 소담리는 작은 마을이었지만 읍내에서도 볼 수 없는 오래되고 큰 기와집의 부잣집들이 있었다. 큰 고목의 정자나무와, 봄이면 뒷산의 진달래와 철쭉꽃이 어우러져 피고, 마을 집 돌담 너머로 보이는 복숭아꽃 살구꽃도 아름다웠다. (중략)

마산은 바다와 산이 아름다운 곳이다. 그러나 마산에 비해서는 작고 초라한 창원의 성문 밖 개울이며 서당 마을의 꽃들이며 냇가의 수양버들, 남쪽 들판의 푸른 보리…, 그런 것들이 그립고 거기서 놀던 때가 한없이 즐거웠던 것 같았다.

그래서 쓴 동요가 「고향의 봄」이었다. 나는 그 동요를 그 때 애독하던 방정환 선생의 잡지 『어린이』에 투고해서 1926년 4월호에 발표되어 은메달을 상으로 받았다.

「고향의 봄」은 동요이다. 동요란 어린이 노래인데, 노래를 전제로 창작된 것이니만큼 동시와 다른 것은 음보(혹은 글자수)를 맞추어 지은 정형시라는 점이다. 청록파 시인으로 잘 알려진 박목월을 비롯한 여러 시인들이 창작의 첫 출발을 동요로 시작했다. 오늘날에는 동요만을 전제로 창작되는 일이 드물었으나 1920년대 전후로 그 틀이 만들어져서 30년대 무렵에 개화를 하였다. 그 가사만을 보면 동시(정형동시)라고 불러도 좋을 것이다.

동요는 그 전파력이 높아서 40년대 무렵에는 일제가 우리 동요의 가창을 금지시켰다고 하니 그 대중적인 영향력을 짐작하고도 남음이 있다. 그래서일까. 경남에서 이원수 선생의 유적은 대부분 「고향의 봄」으로 이어진다. 산호공원 '詩의 거리'에 있는 노래비나 양산의 교동공원에 있는 노래비, 합천 상현리의

비석도 모두 「고향의 봄」을 담고 있다. 아마도 남북을 통틀어
애국가만큼이나 널리 사랑을 받는 노래가 '고향의 봄'이 아닌

가 싶다.

답사를 하면서 시비에도 원류가 있는가 하는 물음이 생겼다. 만일 시인의 시비가 여러 곳에 건립이 되었다면 어느 것에 더 중요성을 둘 수 있을까 하는 사소한 물음이었다. 건립의 연도나 규모 등으로 우선순위를 정할 수 있을까 하는 것이 그것이다. 물론 시비의 중요도를 가리는 것이 무슨 큰 의미가 있는가 하고 질문한다면 별다른 대답이 있을 수 없다. 작가의 문학적 성취가 성패가 사후의 문학비의 수나 규모로 결정되는 것이 아니기 때문이다. 그래도 굳이 답을 하자면 문학적 연고와 작품의 배경이라고 할 수 있겠다.

이원수 선생의 문학적 흔적을 따라가다 보면 반드시 방문하게 되는 곳이 꽃대궐로 불리는 김씨 고가이다. 「고향의 봄」 창작 배경지로도 널리 알려진 이곳은 소답동의 비교적 높은 언덕에 위치해 있다. 큰길과 떨어진 곳에 위치해 있어서 처음 찾는 사람은 여러 번 인근 주민들에게 물어야 겨우 찾을 수 있을 정도이다.

김씨 고가(古家)란 조각가 김종영(1912~1982) 선생의 생가로 문화재로 지정되어 있다. 이곳으로 발길을 돌리면 제일 먼저 발견하게 되는 것이 바로 엄청난 크기의 느티나무이다. 수령이 280년이 넘은 것이라 하니 선생의 생전에도 작은 크기는 아니었을 것이다. 앞서의 회고록에서도 밝히고 있는 바대로 '읍네에서도 볼 수 없는 오래되고 큰 기와집의 부잣집들' 이란 김씨 고가를 말하는 것이며, '큰 고목의 정자나무' 는 바로 이 느티나무를 말하는 것이리라.

집에는 비파나무가 한편에 서 있고 제법 넓은 마당을 가지고 있어서 상당한 유지였음을 짐작하게 해 준다. 어린 이원수에게 이곳은 아주 큰 대궐이었고 상상의 공간이 만나는 곳이었을 것이다. 길가의 쪽문 옆에는 파란 표지판으로 '이원수 5길' 이라는 주소가 새겨져 있어 방문객들의 눈길을 끌고 있다.

| 김씨 고가(古家) 풍경 |

지호수 산책길에서 만나는 시인 황선하

용지호수는 젊은 도시 창원의 중심부에 위치한 시민 휴식 공간이다. 시내에 호수나 강이 없는 창원으로서는 가장 주력을 두는 문화공간이기도 하다. 그래서인지 주말저녁마다 레이저 쇼가 열리고 클래식 음악이 산책이나 조깅을 하는 사람들의 발걸음을 가볍게 해 준다. 용지공원은 과거의 유산을 간직한 공간이 아니고 젊은 문화가 숨 쉬는 현대적인 공간이다.

이런 연유 때문인지 용지호수(용지못)에는 아직 이렇다 할 문학적 이력이 없었다. 어느 유수한 지명마다 깃들어 있는 '문학 내력'이 시작되지 않았던 것이다. 아마도 용지호수가 그 첫

| 황선하 시인이 자주 걸었던 용지호수 산책로 |

문학 이력을 가진다면 의심의 여지 없이 황선하 시인이 될 것이다. 용지호수는 황선하 시인의 이력이 깃든 공간이요, 황선하 시인은 용지호수를 대표하는 시인이라고 불릴 수 있다.

다작이 유행처럼 번지는 시류에도 불구하고 선생은 소작(少作)을 하였다. 그가 생전에 남긴 개인 시집은 창작과 비평사에서 발간한 『이슬처럼』이 전부이다. 그래서 창원의 문인들을 중심으로 유고 시집으로 발간한 것이 『용지못에서』이다. 시인이 마지막까지 살았던 곳은 용지못이 보이는 인근 아파트였으니, 산책로였던 용지공원이 그의 시세계 속으로 들어오는 것은 어쩌면 당연한 일이었다.

> 어제 이른 아침에 있었던 일입니다. 여느 날같이 운동 삼아 용지못 둘레를 돌고 있었습니다. 길바닥에 버려진 담배꽁초를 주우려 허리를 구부렸을 때입니다. 누가, 바로 곁에서 날 가만히 부르는 것만 같아 고개를 돌리니, 길섶 풀숲 속에 갓 피어난 것같이 뵈는 앳된 나팔꽃 한 송이가 선뜻 눈에 띄었습니다. 아기 나팔꽃은 제 얼굴을 천진스레 말끄러미 올려다보며 입술을 달싹거렸습니다. 사람의 귀로써는 뭐라고 하는지 통 알아들을 순 없으나 무슨 말인지 대강 짐작은 갔습니다. 그 말을 빛깔로 나타낸다면 아마도 무지개 일곱 빛 속 한 빛깔일 겁니다.
>
> -「용지못에서- 아기 나팔꽃」 (1999.6.26.)

그의 시에서 보여주는 관찰의 대상은 지나치기 쉬운 작고 소박한 아기 나팔꽃이다. 그것을 발견할 수 있었던 것은 용지못이 시인의 터전이었고 삶의 한 부분이었기 때문이다. '사람의 귀로써는' 알아들을 수 없는 아기 나팔꽃의 말을 용지못과 오랜 교감을 가졌던 시인은 짐작할 수 있었으리리라.

용지못이라는 공간과 교감하는 것은 시인에게 퍽이나 즐거운 일로 여겨진다. 그 공간은 이미 사방이 인공적으로 형성되어 막혀 있는 곳이 아니라 세상을 향해 열린 이상적인 공간으로 그려지고 있다.

> 온통 붉게 물든 바다를 보았는가.
> 보았는가.
> 바닷물 밑에서 우짖는 새소릴 들어봤는가.
> 들어봤는가.
> 해가 뜨고 질 무렵
> 그대 홀로 용지못에 와 보아라.
> 그지없이 넓어 뵈는
> 못물이
> 놀빛에 온통 진달래꽃빛으로 물들어,
> 진달래꽃빛을 발산하고 있음을 볼 것이다.
> 그리고,
> 용지못 뒷숲의 새들이
> 깊디깊은 물 밑
> 산호림에서
> 즐거이 지저귀는 소릴 들을 것이다.
> 아름다운 꿈을 꾸는 이에게는
> 용지못이
> 못이 아니라

바다다. 바다다.
-「용지못에서-용지못은 못이 아니라 바다다」

   용지못은 시인에게는 산책로 그 이상의 의미로 다가온다. 당시 암투병으로 삶과 죽음의 갈림길에서 용지못을 찾았던 시인에게 '용지못이 / 못이 아니라 / 바다'이기도 했고 정을 나누며 교감을 하던 오랜 벗과도 다름이 없었다. 하루하루는 늘 새로웠고 자신 있게 내일을 기약할 수는 없었다. 그래서 용지못을 소재로 한 그의 시에서는 용지못을 찾는 즐거움도 있지만 아울러 그 즐거움과의 단절도 예감하고 있다.

> 하루하루 물 높이가 낮아지는
> 못물에
> 하르르 떨어져 내리는
> 버들잎 셋.
> 떠나는 여름의 작별 인사말.
> 한 잎은
> 너를 많이 사랑한다는 말.
> 한 잎은
> 너와 헤어지게 되어 가슴 아프다는 말.
> 한 잎은
> 내년 여름에 다시 보자는 말.
>   -「용지못에서-떠나는 여름의 작별 인사말」(1997. 8. 27.)

   시인이 깊은 암으로 내년을 기약할 수 없을 때 이 시는 창작되었다. 무심히 떨어지는 수양버들잎을 보며 '사랑한다', '가슴 아프다' 고 고백하고 있다. 그러나 더욱 중요한 것은 '내년 여름에 다시 보자' 는 희망의 기약이다. 그래서 시의 제목에는 '작별 인사말' 이지만 내용상으로는 '내년에의 기약' 이 되는 셈이다. 시인은 2001년에 타계하였고, 이 시가 창작된 시기는 1997년이니 몇 번의 가슴 아리는 작별과 기약이 반복된 셈이다.

용지호수를 통한 자아 성찰은 시집 『용지못에서』에서도 두루 발견할 수 있다. 황 시인의 시적 어조는 실제의 시인처럼 다정다감한 고백조의 어투이다. 황 시인의 시를 읽다 보면 어느새 그와 마주 앉아 대화를 하고 있다는 느낌이 드는 것은 그 연유 때문이다. 웅장한 서사나 현란한 시의 기교가 없더라도 그의 시에 생명력을 주는 힘은 바로 여기에 있다. 사람을 한없이

| 시인의 육필 원고 (경남문학관 전시) |

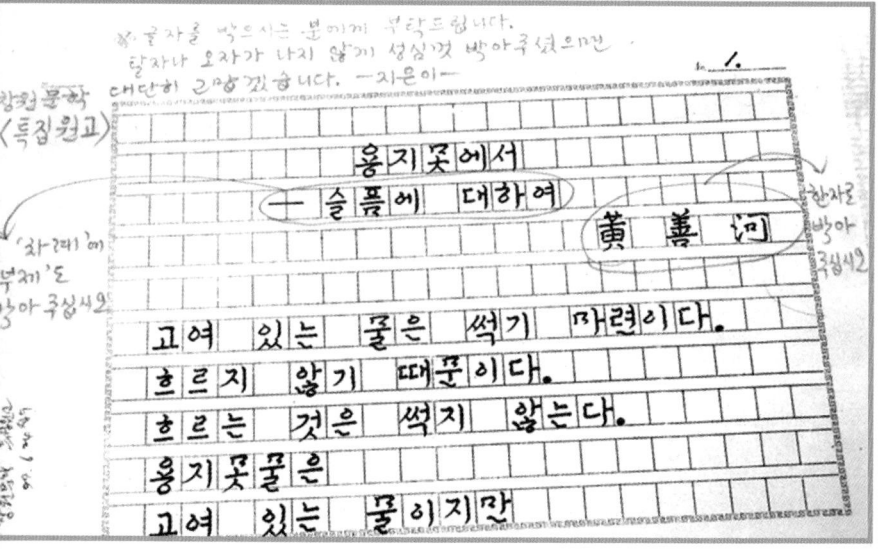

편안하게 만들어 주는 진솔성이 황선하 시인의 시적 정수이다. 현재 진행 중인 황선하 시인의 시비가 건립되면 더 많은 사람들이 그와 용지호수를 기억하게 될 것이다.

| 산호공원 정상에서 본 마산합포구 시가지 |

2

詩心이 어린 경남의 예향, 마산

경남의 시 1번지, 산호공원 시의 거리

　　산호공원 입구의 표지석산호공원은 용마산에 위치한 마산의 명물이다. 산호공원은 나지막한 높이에 시민들의 사랑을 많이 받는 장소이다. 산호공원은 용마산 중턱의 용마산성 자리에 조성되었는데, 용마산성은 왜구의 침입을 막기 위해 1572년(선조 25)에 착공하여, 1577년(선조 30)에 완공했다 한다. 공원으로 조성된 이후 다양한 행사가 열리고 시민들의 휴식처도 되고 있다. 용마산은 산의 모습이 말과 같이 생겼다 하여 불린 이름인데 그 전설은 다음과 같다.

| 산호공원 입구의 표지석 |

옛날에 두 부부가 자식을 못 낳아 자식을 낳기 위해 산 위의 큰 바위에 기도를 올려 자식을 가졌는데 어려서부터 비범한 행동을 보였다. 아이가 성장하면서 밤에 외출이 잦아 하루는 그 뒤를 쫓아 보니 어느 바위 사이로 들어갔다 한다. 부부는 이것을 비밀로 하였으나 곧 마을사람들에게도 알려졌다. 아이가 장수라는 소문이 생기면서 관가에서 아이를 잡으러 왔다. 부모는 처음에는 부인하다가 결국 관원들에게 아이가 들어간 바위를 가르쳐 주고 말았다. 관원들이 그 바위를 부수자 아이는 장수가 되어 대군을 거느리고 막 나오려던 참이었다. 그러나 바위가 부서지자 아이는 죽고 말았다. 그 바위가 있던 곳이 지금의 산호공원 자리라고 한다.

산호공원입구에는 표지석이 있고 그 아래에는 '詩의 거리'라고 적혀 있다. 마산은 경남을 대표하는 예향이고, 그 중심에 자리 잡고 있는 곳이 바로 이곳 산호공원이다. 산호공원을 오르면 제일 먼저 오른편에 연립한 시들을 볼 수 있다. 이 시비들은 모두 이곳이 경남의 시 1번지임을 보여주는 하나하나의 상징물들이다. 권환의 「고향」, 천상병의 「귀천」, 박재호의 「간이역」, 정진업의 「갈대」, 김용호의 「오월이 오면」을 차례로 읽어 가다 보면 시의 거리 표지석이 보인다. 이 표지석에는 다음과 같은 기록이 있다.

마산은 「가고파」와 「고향의 봄」 詩情이 면면히 살아 숨쉬는 예술의 고장이다. 우리 고장의 문화적 전통과 자긍심을 아끼고 가려야 한다는 시민의 뜻을 모아 여기 산호공원 산책로에 마산을 빛낸 시인들의 대표작을 빗돌에 새겨 전국 최초의 「詩의 거리」를 조성함으로써 시민들의 아름다

운 정서와 애향심을 길이 꽃 피우고자 한다. 시민들의 사랑을 받는 자랑
스런 문화공간이 될 것을 믿으며 오늘 뜻깊은 마산시민의 날에 즈음하여
제막을 한다. [1990년 5월 1일]

　　1990년에 '詩의 거리' 가 조성되고, 이후 18년이 지난 2008
년에는 아예 마산을 '詩의 도시' 로 선포하였다. 마산을 경남의
시 1번지라고 부를 수 있는 이유가 여기에 있다. 2008년 5월 3
일 마산시장의 이름으로 선포된 詩의 도시 선포문에는 '시의
향기로 삶의 질을 높이고, 시의 언어로 창의력을 높이며, 시의
동력으로 마산의 영광을 꽃 피우자' 는 내용이 있다. 다른 도시

에서는 쉽게 상상하기 어려운 발상이다.

　마산을 빛낸 시인들이 많이 있지만 유독 노산의 「가고파」와 동원의 「고향의 봄」을 이야기하는 것은 이 작품들이 마산을 대표하는 정서이기 때문이다. 그만큼 이 지역에서 이들의 영향은 지대하다.

▎詩의 거리 빗돌▎

그 예를 들자면, 노산의 경우 창원지역 소재의 주요 학교의 교가와 공공기관의 노래를 많이 작사했다. 경남대, 창원대, 해군사관학교, 창원전문대학 등의 대학은 물론이고, 마여고, 중앙고, 제일여고, 제일여중 등의 고등학교와 중학교 교가도 작사했다. 경상남도의 '도민의 노래'와 창원시의 '시민의 노래' 작사가 역시 노산이다.

노산을 대표하는 작품은 역시 「가고파」이다. 마산여객선 터미널과 돝섬, 그리고 자산동의 통일동산, 그리고 양덕동의 전공비공원에 「가고파」시비가 있는 것은 어찌 보면 자연스러운 일이다. 학창시절에 한 번은 흥얼거렸을 노래가 바로 이 노래가 아니었던가.

「가고파」시비

내 고향 남쪽 바다 그 파란 물이 눈에 보이네
꿈엔들 잊으리오 그 잔잔한 고향 바다
지금도 그 물새들 날으리 가고파라 가고파

어릴 제 같이 놀던 그 동무들 그리워라.
어디 간들 잊으리오 그 뛰놀던 고향 동무
오늘은 다 무얼하는고 보고파라 보고파

그 물새 그 동무들 고향에 다 있는데
나는 왜 어이타가 떠나 살게 되었는고
온갖 것 다 뿌리치고 돌아갈까 돌아가

가서 한데 얼려 옛날같이 살고 지라
내 마음 색동옷 입혀 웃고 웃고 지내고저
그 날 그 눈물 없던 때를 찾아가자 찾아가

물 나면 모래판에서 가재 거위랑 달음질하고
물 들면 뱃장에 누워 별 헤다 잠들었지
세상 일 모르던 날이 그리워라 그리워

여기 물어 보고 저기 가 알아 보나
내 몫엔 즐거움은 아무데도 없는 것을
두고 온 내 보금자리에 가 안기자 가 안겨

처자들 어미되고 동자들 아비된 사이

인생의 가는 길이 나뉘어 이렇구나
잃어진 내 기쁨의 길이 아까와라 아까와

일하여 시름 없고 단잠 들어 죄 없는 몸이
그 바다 물소리를 밤낮에 듣는구나
벗들아 너희는 복된 자다 부러워라 부러워

옛 동무 노 젓는 배에 얼어 올라 치를 잡고
한바다 물을 따라 나명들명 살까이나
맞잡고 그물 던지며 노래하자 노래해

거기 아침은 오고 또 거기 석양은 져도
찬 얼음 찬 바람은 들지 못하는 그 나라로
돌아가 알몸으로 살꺼나 깨끗이도 깨끗이

-「가고파」

    시비에는 이 시의 창작연대가 1932년 1월 5일로 기록되어 있다. 노산의 출생일이 1903년이니 대략 30세 무렵에 창작된 작품이다. 이 시를 보고 감명을 받은 김동진은 1933년 그가 만 20살 되던 해에 곡을 붙인 것으로 알려져 있다. 오늘날까지 가곡 「가고파」가 널리 애창되는 이유 중의 하나는 청년의 순수한 마음이 시와 곡으로 어우러졌기 때문이 아닌가 싶다. 이 시비의 후면에는 다음과 같이 건립기(建立記)가 있다.

가고파 노래비

　민족시인 노산 이은상 선생이 지은 가고파(김 동진씨 작곡)는 나라 안
팎에 널리 알려진 한국의 명시다

　누구나 고향이 그리울 때면 즐겨 읊고 부르는 온 겨레의 시다 뿐만아
니라 해외의 동포들도 고국이 그리울 때면 눈물겹게 부르는 노래가 바로
이 시다

　고향과 조국은 어머니의 젖줄기같은 것!

　대지를 가르는 포근한 마음의 안식으로 꿈의 요람이요 향기 그윽한
보금자리다

　그 누가 고향과 조국을 잊을 것이랴 그러므로 이 가고파는 앞으로도
끊임없이 모든 사람들의 가슴에 사무쳐 애송되고 애창될 것이다

　이에 지은이의 고향 마산에 그 노래비를 세우거니와 그의 노래는 이
아름다운 자연과 함께 길이 갈 것이다

　　　　　　　　　　　　　　　　　　　　　1970년 10월 24일

　이 건립기에서 볼 수 있듯이 「가고파」는 '시'이기도 하고
'노래'이기도 하다. 시와 노래에 대한 명칭의 상호 허용이 일
어나는 지점이다. 분명히 건립기에는 '노래비'라고 되어 있지
만 '시비'로도 불릴 수 있음이다.

　노산의 「가고파」를 잠시 흥얼거리며 고개를 들어 오르막을
바라보면 등산길 왼편으로 「고향의 봄」 노래비를 볼 수 있다.
1968년 이원수 선생이 직접 방문하여 개막식을 가진 의미 있
는 문학비이다. 앞의 글에서도 원류의 기준으로 문학적 연고

와 작품의 배경이라는 조건을 이야기한 바가 있다. 여러 곳에 이원수 선생 관련 문학 유적이 있지만 원류로 꼽을 수 있는 곳이 바로 이곳과 용지공원의 비석이라고 할 수 있다.

일반적으로 한 사람의 위대한 생애를 이야기할 때 빼놓을 수 없는 것이 바로 배우자에 관한 것이다. 널리 알려진 대로 이원수의 아내 최순애 여사도 동요 시인이었다. 정작 본인의 이름은 그리 많이 알려지진 않았지만 동요 '오빠 생각'은 널리 애송되고 있다.

뜸북 뜸북 뜸북새
논에서 울고
뻐꾹 뻐꾹 뻐꾹새
숲에서 울 때
우리오빠 말 타고
서울 가시며
비단구두 사가지고
오신다더니

기럭 기럭 기러기
북에서 오고
귓들 귓들 귀뚜라미
슬피 울건만
서울 가신 오빠는
소식도 없고
나뭇잎만 우수수

떨어집니다.

-「오빠생각」

그녀는 이원수보다 1년 전에 소파 방정환이 발행하던 잡지
《어린이》에 입선하였다. 1925년 11월에 여사가 「오빠 생각」으
로 입선되고, 이듬해 4월에 선생의 「고향의 봄」이 입선되었으
니 이래저래 문학으로 맺어진 인연이었다. 결혼 이후 최순애
여사는 작품 활동을 접고 남편의 뒷바라지를 했다고 전해진다.
　최순애 여사의 부친과 오빠는 소파 방정환의 열렬한 숭배자
였다고 한다. 특히 오빠 최영주는 방정환이 죽은 후 변변한 묘
가 없자 모금을 통하여 망우리 아차산에 묘와 묘비를 세우기도
했다. 이후 그가 38세의 젊은 나이에 죽자 자신의 유언대로 방
정환의 옆에 묻혔다. 여사의 여동생 최영애도 10살의 어린 나
이에《어린이》에 「꼬부랑 할머니」가 입선되었다.

꼬부랑 깡깡이 할머니는
집행이 집고서 어데 가나
꼬부랑 고개를 넘어가서
솔방울 줏으러 가신단다.

꼬부랑 깡깡이 할머니는
저녁에 어데서 혼자 오나
꼬부랑 고개를 넘어가서
솔방울 이고서 오신단다.

-「꼬부랑 할머니」

이렇게 보면 동원 선생 본인은 물론 처가가 대부분 아동문학에 깊은 관심과 조예를 가지고 있었다는 것을 알 수 있다.

「고향의 봄」노래비 바로 위에는 이일래의 동요 「산토끼」시비가 있다. 이일래의 「산토끼」를 읽고 있으면 어디선가 산토끼 한 마리가 깡총깡총 뛰어 나올 것만 같다. 마산 출신인 이일래 선생은 이 노래의 동요를 짓고 곡을 붙였다. 이 작품을 창작할 당시에 창녕 이방초등학교 근무하고 있었는데, 세부적인 것은 창녕편에서 다루기로 한다.

만날고개의 시비

　해마다 추석 무렵이 되면 마산시(구) 주최로 만날고개에서 만날제 행사가 열렸다. 만날고개의 주소지는 마산합포구 월영동 산 160번지이다. 예곡동과 월영동의 경계에 있어 내서면 감천곡으로 통하는 고갯길을 '만날고개'라고 하는데, 예전에는 이 고개로 오가는 사람이 많았다고 한다.

　만날고개에서 시내쪽을 바라보면 아담한 건물과 산들 너머로 마산 앞바다를 볼 수 있다. 그 이전 노산이 「가고파」에서 노래했던 '그 파아란 물'이 넘실거리며 추억에 잠기게 만든다.

　만날고개에는 다음과 같은 전설이 있다.

| 만날고개 풍경 |

옛날 마산포에 이씨 성을 가진 양반 집이 있었는데 일찍이 바깥양반이 죽고 편모슬하에서 삼남매가 자라고 있었다. 큰딸이 열일곱 살, 둘째 딸이 열 서너 실이라 했고 막내아들이 열 살 남짓이었는데 기둥인 어머니가 질병까지 얻어 생활이 말이 아니었다.

한편 고개 너머 감천곡에는 돈으로 진사벼슬을 얻은 천석꾼 윤씨가 살고 있었다. 슬하에 아들이 하나 있었는데 반신불수에 벙어리라 나이 서른이 되도록 혼처가 나타나지 않아 속을 태우고 있었다. 그러던 중 마산포에서 시골로 행상을 하는 여자가 있었는데 바로 이씨집 이웃에 살아 이 집 사정을 훤히 알고 있었다. 어느 날 아주머니는 이씨 집안의 어머니를 찾아 큰딸을 감천 윤진사집과 혼인만 시키면 전답 수십 마지기와 많은 금전을 받을 수 있으니 가세도 되살리고 돈으로 병도 구완할 수 있다고 혼사를 권유했다. 그러나 사위될 사람이 반신불수 벙어리란 소리에 대경실색해 비록 구차하게 살지언정 딸은 그렇게 결혼 시킬 수 없다고 한사코 거절했다.

행상아주머니는 며칠 후 큰딸을 직접 만나 감언이설로 설득하니 큰딸은 집안과 어머니의 병환을 구완하기 위해서라도 스스로 혼사가 이루어지도록 작심하고 어머니를 달랬다. 겨우 어머니를 달래고 눈물로 헤어진 후, 이씨 집 큰딸은 감천 윤진사집으로 시집을 갔지만 시집살이의 고초는 말이 아니었다. 반신불수의 신랑은 아예 남자구실을 못하는데도 며느리더러 손자도 못 낳는다며 시댁의 구박이 심했다. 그래도 새댁은 시부모와 남편을 잘 모셨는데 시집 온지 3년 만에 친정에 다녀올 수 있게 되었다.

친정에 와 보니 시집갈 때 받은 전답과 돈으로 가세도 좋아져 있었고 어머니의 건강도 나아져 더 바랄 것이 없어 보였다. 막상 시집으로 돌아가야 할 때가 되자 딸은 도저히 시집살이 할 엄두가 안 난다며 그냥 친정에서 살면 좋겠다고 여쭈었다. 그러자 어머니가 호통을 치며, "여자는 출가외인이라 한 번 시집가면 죽어도 그 집 귀신이 되어야 한다."며 시댁으로 되돌아가게 했다.

그러나 만날고개에서 아내가 오길 초조하게 기다리던 남편은 자신에 대한 열등감으로 바위에 머리를 부딪쳐 피투성이가 되어 쓰러졌는데 "집을 도망쳐 새 삶을 찾으라." 는 유서까지 써 놓았다. 이리하여 스무 살에 청상과부가 되어 수절하면서 몇 해가 흘러갔지만 자나깨나 친정 생각뿐이었다. 하루는 안부나 전해 듣고자 만날고개로 나갔는데 그날이 음력 팔월 열 이렛 날이었다.

마침 그날 마산의 친정어머니도 시집간 딸의 안부를 묻고 싶어 사람의 왕래가 많은 만날고개에 올랐으니 우연치고는 희한하게 맞아 떨어져 모녀가 얼싸안고 울었다고 한다. 다음 해에도 모녀는 이 날이 되면 꼭 이 만날고개를 찾았으니 이 이야기가 입으로 전해져 고개이름도 아예 '만날고개' 로 불러지게 되었다.

시집살이가 워낙 고달파서였을까 아니면 사람이 그리워서였을까. 언젠가부터 이곳은 마을 아낙네들이 모이고 사람들이 모여서 회포를 풀고 만남을 가지는 장소가 되었다. 이후 전설을 따라 해마다 음력 8월17일 무렵에 만날고개에서 사람들과의 만남을 재현하는 행사가 열리고 있다.

이전에는 한참을 걸어서 올라야 했으나 만날고개 주변이 재정돈되고 길이 새로 포장되면서 고개 바로 아래에까지 자동차의 진입이 가능하다. 고개를 오르다 보면 우측으로 만날고개를 노래한 시비가 서 있다.

2008년 9월에 건립되었으니 그 이전에 만날고개를 방문한

만날고개
정목일

만날고개 달 뜨거든
그리움의 피리 불리라
만날고개 달 뜨거든
비단고름 받으오시라
달 뜰고 울리는 그리움
영원 속에 울리네 그리움
기약없이 떠난 님
달빛처럼 뽑아오시라
만날고개 달 뜨거든
그리움의 숨을 다하리
만날고개 달 뜨거든
은밧비로 탑을 오시라
은하수로 흐르는 그리움
영원 속에 사무친 그리움
송별없이 떠난 님
별빛처럼 돌아오시라

글씨 한메 조현판

| 정목일 시「만날고개」 |

사람은 이 시비를 보지 못하였을 것이다. 시를 적은 정목일은 서정적인 수필을 쓰는 수필가이다. 시비 뒷면에는 그가 이 시를 쓰게 된 연유가 있다. 이에 의하면 이 시는 1988년 마산문인협회가 발간한 『합포의 노래』에 발표되어 '1989년 작곡가 김봉천 씨가 곡을 붙였다. 그리고 1995년 중학교 1학년 음악교과서에 수록된 것'이라고 한다. 시비의 글씨는 한메 조현판의 것이다.

만날고개 달 뜨거든
그리움의 피리불리라

만날고개 달 뜨거든
비단 고요 밟고 오시라

달무리로 넘치는 그리움
영원 속에 울리는 그리움

기약 없이 떠난 님
달빛처럼 돌아오시라

만날고개 달 뜨거든
그리움의 손짓하리라

만날고개 달 뜨거든
은빛 파도 타고 오시라

은하수로 흐르는 그리움
영원 속에 사무친 그리움

송별 없이 떠난 님
별빛처럼 돌아오시라
　　　　　　　-「만날고개」

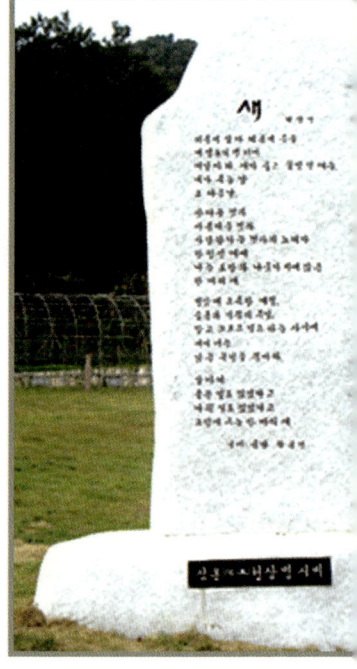

근래의 어려운 시들에 비하면 너무 편안하게 읽히는 시이다. 잔잔히 읽다가 보면 저절로 노랫말이 흘러나올 것 같다. 수필가의 문체라 잔잔하고 고요해서 만날고개를 오르는 남녀노소가 같이 읽어도 좋을 시이다.

정목일의 「만날고개」 시비 옆에 심온 천상병의 「귀천」 시비가 서 있다. 등산객들이 오르내리면서 한 번씩 읽고 갈 수 있도록 길옆에 세워져 있다. 천상병은 마산 출신 시인으로 어린 아이와 같은 천진한 심성으로 시를 창작했다. 이 천진성이 천상병 시의 특징으로 이야기 된다. 그의 독특한 생애와 아내 목순

| 천상병의 「새」(만날고개), 「귀천」(산호공원) 시비 |

옥 여사와의 순수한 사랑은 지금도 널리 기억되고 있다. 여러 시들이 있지만 그의 대표작은 누가 뭐래도 「귀천」이다. 아내 목순옥 여사는 서울 인사동에서 '귀천' 이라는 이름의 카페를 운영하고 있다.

만날고개에 천상병의 시 「귀천」대신에 「새」를 세운 것은 이미 「귀천」시비가 산호공원 詩의 거리에 있기 때문이다. 천상병은 시에서 '새' 를 자신과 닮은 존재로 표현하고 있다. 순수하지만 때로는 바보같은 존재로 표현되는 대상이 바로 '새' 이다. 이런 이유로 천상병의 「새」를 감상하면서 「귀천」을 연상하는 것은 매우 자연스러운 일이다.

나 하늘로 돌아가리라
새벽 빛 와 닿으면 스러지는
이슬 더불어 손에 손을 잡고

나 하늘로 돌아가리라
노을 빛 함께 단 둘이서
기슭에서 놀다가 구름 손짓하면은

나 하늘로 돌아가리라
아름다운 이 세상 소풍 끝내는 날
가서 아름다왔더라고 말하리라

-「귀천」

삶이 죽음의 일부이듯 죽음 또한 삶의 일부라던 어느 시인의 시구가 있다. 천상병 시인이 이 세상을 소풍이라고 표현한 것은 참으로 많은 생각을 하게 만든다. 이승에서의 짧은 한 때, 그것이 소풍이 아니고 무엇이겠는가. 삶과 죽음에 대한 물음을 떠올리면서 만날고개를 내려가면 저 멀리 푸른 바다가 출렁이고 있다.

3·15 민주묘지의 시비들

　　마산을 민주화의 성지라고 이야기할 수 있는 것은 기본적으로 1960년 3·15 의거 때문이다. 이승만 독재 정권의 부정부패와 부정선거에 항거하다 희생된 영령들의 넋이 잠든 곳이 바로 국립 3·15 묘지이다. 현재와 같은 규모를 갖춘 것은 2000년부터이니 대략 10여년이 되었다. 2002년 8월 1일 3.15성역공원에서 국립 3·15 민주묘지로 승격되었다.

　　창원대로를 지나 마산 방면으로 향하면 우측 산 중턱에 3·15 민주묘지가 보인다. 초행길이면 하이트 맥주 공장을 찾는

| 3·15 묘역의 조각 |

것이 더 쉬울지도 모르겠다. 시민들에게 친숙한 3·15 묘역은 '묘역'이라기보다는 공원의 개념이 더 어울린다. 아침저녁이면 운동을 하는 사람들과 평일 낮에는 노인들의 휴식처가 된다. 약수터가 산책로 옆에 있는데, 놀랍게도 약수터 바로 옆에는 3·15 의거 때 희생된 영령들의 묘지가 있다. 역사적인 과거와 시민들의 오늘이 같이 공존하는 공간이다. 그래서 창원을 방문하는 사람들에게 꼭 한 번 방문을 권하고 싶은 장소가 바로 이곳이다.

| 3·15 의거 당시의 모습 재현 (국립 3·15 묘지 전시관) |

| 3·15 의거 기념 백일장에 참석한 학생들 |

　이곳에는 각종 행사가 열리는데 특히 3월 15일 무렵에 열리는 백일장 행사가 대표적이다. 이 행사에는 주로 경남 지역의 학생들이 참여하여 글 솜씨도 겨루고 3·15의 숭고한 뜻도 기리고 있다.

　국립 3·15 민주묘지의 시비는 두 가지 의미를 가지고 있다. 하나는 역사적인 기록의 공간이란 점이고 다른 하나는 민주 정신과 마산을 시로 기록했다는 점이다. 묘지에는 두 곳에 시비가 건립되어 있는데, 한 곳은 입구이고 다른 한 곳은 기념관 우측에 있다.

입구의 시비는 2010년 3월 15일에 건립된 것이다. 2010년은 3·15 의거가 국가 기념일로 제정된 뜻 깊은 해이기도 하다. '詩가 있는 길' 표지석은 산호공원에 위치한 '詩의 거리'의 것과 매우 닮아 있다. '詩가 있는 길'은 '詩의 거리'의 또 다른 표현이라고 할 수도 있다. 이렇게 보면 가히 '詩의 도시'라고 부르는 데에는 별다른 이견이 있을 수가 없다.

| 3·15 묘역 입구의 '詩가 있는 길' 표지석과 이선관 시비 「역시 마산은 이 땅의 변방이 아니라는…」 |

'詩가 있는 길'에는 모두 10편의 시비가 건립되어 있다.

-구상 : 「진혼곡」
-김광림 : 「진달래」

-황선하 :「창동불종거리」

-이영도 :「애가」

-이선관 :「역시 마산은 이 땅의 변방이 아니라는…」

-전용태 :「초혼」

-박종해 :「자유 민주 정의의 고향」

-변승기 :「죽어 말하는 나무들에게」

-최명학 :「애기봉 산자락엔」

-정규화 :「그리움에게」

'이슬 같은' 시인 황선하와 '마산 시인' 이선관, '3·15 시인' 변승기, 그리고 치열하게 시를 꽃 피운 최명학과 정규화의 시를 읽다보면 어느새 묘지의 기념관에 도착한다.

묘지의 중앙에 위치한 기념관을 방문한 후 발길을 우측으로 옮기면 여기에 시비공원이 있다. 3·15 의거를 묘사한이 시비의 정식 명칭은 '3·15의거 기념 시비(명제 : 역사의 장)' 이며, 화강암과 청동으로 가로 11m, 높이 1.8m로 제작되어 있다.

-김세익 :「진혼가」

-김용호 :「해마다 4월이 오면」

-김춘수 :「베꼬니아의 꽃잎처럼이나」

-김태홍 :「마산은」

-이 석 :「마산에서의 봄」

-이제하 :「바다에서」

-장하보 :「송가」

-정공채 :「하늘이여」

-정영태 :「피로 뿌린 씨 내일은 꽃 피리」
　　-조정남 :「피빛 장미꽃 위에 나부끼는 것」
　　-홍현표 :「고향무정」

　　총 11편의 시가 화강암 앞면과 뒷면에 각각 새겨져 있다. 그래서 전체 시를 감상하려면 시비 전체를 둘러가며 감상해야 한다.
　　여러 시인들이 있지만 제일 첫 장을 장식하고 있는 김춘수의 시 「베꼬니아 꽃잎처럼이나」가 먼저 읽힌다. 잘 알려진 대로 김춘수 시인은 통영 출신이며 한때 마산에서 교편을 잡고 문학 활동을 한 이력을 가지고 있다.

　　남성동 파출소에서 시청으로 가는 대로상에
　　또는
　　남성동 파출소에서 북마산파출소로 가는 대로상에

너는 보았는가… 뿌린 핏방울을
베꼬니아의 꽃잎처럼이나 선연했던 것을…
1960년 3월 15일
너는 보았는가… 야음을 뚫고
나의 고막도 뚫고 간
그 많은 총탄의 행방을…

남성동 파출소에서 시청으로 가는 대로상에
또는
남성동파출소에서 북마산파출소로 가는 대로상에서
이었다 끊어졌다 밀물치던
그 아우성의 노도를…
너는 보았는가… 그들의 애띤 얼굴 모습을…
뿌린 핏방울은
베꼬니아의 꽃잎처럼이나 선연했던 것을

-「베꼬니아의 꽃잎처럼이나」

이 시는 1960년 3월 28일 《국제신보》에 실렸다. 다른 시들과의 차이점이라면 3·15의거 당시에 발표된 시라는 점이다. 따라서 그 느낌이 후대의 시에 비해 훨씬 구체적이다. 베고니아는 유달리 붉고 올망졸망 모여서 피는 꽃이다. 당시 의거에 참여했던 구성원의 대부분이 학생들이었고 그 희생도 많았던 점을 감안하면 '베꼬니아(베고니아)'를 통해서 강조하고 싶었던 것은 어린 학생들의 숭고한 희생이라고 할 수 있다.

이곳 외에도 3·15의거를 기리는 대표적인 기념물로는 서성

동의 3 · 15의거 기념탑이 있다. 이 탑은 3월 15일 밤 의거가 가장 치열했던 장소를 기념하기 위하여 1962년에 세운 것이라고 한다.

장복산 삼밀사에서 본 진해구 시가지

3

벚꽃과 군항제의 도시, 진해

가을에 만나는 김달진문학의 축제

가을에 만나는 김달진문학의 축제

　　진해는 벗꽃과 군항제로 널리 알려져 있다. 해마다 봄이 되면 제일 먼저 인산인해를 이루는 곳은 진해의 관광 명소들이다. 그 중에서도 탑산과 여좌천, 진해역 등이 방문객의 발길을 사로잡는다.

　　지금이야 전국적으로 문화예술 행사와 축제가 많이 생겨서 진해로 향하는 발길이 조금 뜸해졌지만 10여년 전만 해도 군항제 인파가 100만명을 넘는 경우가 많았다. 이 시절의 진해는 말 그대로 사람 반 꽃 반이라는 말이 생길 정도였다.

| 군항제 기간의 이충무공 승전행차와 추모대제 |

어디 인파뿐인가. 사람이 많은 곳에는 차도 많기 마련이다. 군항제 기간에 진해구를 방문한 사람이라면 끝없이 이어진 차량 행렬 때문에 제 자리에서 꼼짝도 하지 않지 못했던 경험을 가지고 있을 것이다. 지금은 도시를 빗겨가는 우회도로가 생겨 이전처럼 교통대란이 오는 경우는 흔치 않다.

이렇게 사람이 몰리는 이유는 군항제가 경남의 대표적인 축제이기 때문이다. 꽃이 주는 자연적 조건과 오랜 행사 경험이 바탕이 된 다채로운 행사는 군항제만의 묘미들이다.

1년 내내 조용했던 도시 진해구는 군항제를 맞아 그 활기의

정점에 이르고, 벚꽃이 떨어지면서 예의 그 차분함으로 돌아간다. 가끔 여기가 군항제로 인파가 넘치던 그 도시가 맞나 싶을 정도이다.

군항제가 끝나고 한동안 차분해졌던 이곳은 가을로 접어들면서 다시 활기를 띤다. 바로 김달진문학제 때문이다. 군항제가 봄을 대표하는 행사라면 가을에는 김달진문학제가 대표적인 문화 행사이다. 벌써 열네 번이나 김달진문학제를 개최했고, 스무 번이나 김달진문학상을 시상했으니 그 연륜과 성과가 놀랍다고 하겠다.

김달진문학제는 월하 김달진 시인의 문학적 업적을 기리는 것에만 머물지 않고 백일장과 각종 학술·문화행사를 곁들여

| 웅동 소재 김달진문학관 |

시민들의 문학 잔치로 승화시키려는 노력을 보여준다. 행사에 참가하는 문인들의 규모나 행사의 내용을 보면 전국 규모의 행사라고 할 수 있다.

김달진문학관은 2005년 11월에 개관한 이후 김달진 시인의 문학을 알리는 중심적인 역할을 해왔다. 그런데 시민들조차 김달진문학관의 위치를 잘 모르는 사람이 많다. 진해구 중심부에서 웅동으로 넘어가는 곳곳에 김달진문학관을 알리는 표지판이 있지만 정작 그 안까지 구경을 하는 사람은 그리 많지 않기 때문이다.

이렇게 된 이유에는 김달진문학관이 위치한 웅동의 지리적 특성이 한몫을 한다. 왜 그런고 하니 웅동 자체가 부산으로 가는 길목에 위치한 것이 아니라 일부러 그곳까지 한참을 들어가야 하기 때문이다. 그러나 한 번 김달진문학관을 방문한 사람은 문학관과 문학관이 위치한 소사리의 풍경에 감탄을 하는 경우가 많다.

소사리는 산으로 둘러싸인 곳으로 일제시대부터 있었던 웅동저수지가 있고 일제 때 독립만세 운동을 했던 유서가 깊은 고장이다. 좌측으로는 웅동저수지에서 내려오는 맑은 개울이 있고, 우측으로는 대장동계곡에서 내려오는 개울이 있다. 전체적으로 아늑함을 주는 곳이라 은퇴 후 이곳에서 말년을 보내려는 사람들이 많다고 한다.

김달진문학관을 방문한 후 다음 코스로는 생가터를 방문하는 것이 일반적이다. 생가터는 김달진문학관 바로 앞에 위치해 있으며, 당시의 고증을 받아 복원한 것이라 한다. 생가라고 하지 않고 생가터라고 하는 이유는 김달진 시인이 당시에 살았던 집들이 남아 있지 않기 때문이다.

생가터에서 가장 눈여겨 볼 것은 열무밭과 감나무이다. 예전에는 텃밭에서 열무를 기르고 집안에 감나무 한 그루 정도는 있었던 것이 사실이지만 생가터에서 유독 이 두 가지가 중요한 것은 김달진 시인의 시에 등장하는 주요 소재이기 때문이다.

김달진 시인이 출간한 최초의 시집은 33세 무렵에 발간한 『靑柿(청시)』였다. 그는 1934년 무렵에 유림사로 입산을 하여 반선반농의 수도생활을 하면서 화엄경의 윤문 작업을 하게 된다. 이후 동국대학교의 전신인 불교전문학교에 입학하고, 1940년 졸업하면서 발간한 시집이 바로 이것이다.

청시는 푸른 감, 즉 덜 익은 감이라는 뜻을 가지고 있는데, 봄이 가고 날씨가 더워질 무렵에 매달리는 감을 말한다.

> 유월의 꿈이 빛나는 작은 뜰을
> 이제 미풍이 지나간 뒤
> 감나무 가지가 흔들리우고
> 살찐 暗錄色(암록색) 잎새 속으로
> 보이는 열매는 아직 푸르다
>
> -「扉詩(비시)」

왜 시의 제목에 문짝을 뜻하는 '扉'를 사용했을까. 시의 본문을 보면 어렵지 않게 유추를 할 수 있다. 시인은 작은 뜰로 산책을 나와서 감나무를 살펴보고 있다. 산책을 나왔다면 이전에는 싸리문 같은 문짝이 있었을 터였다. 내용에서도 그러하듯이 이 시는 크고 거룩한 것을 담기 보다는 고요하고 잔잔

| 열무꽃과 감나무가 있는 생가터 |

하여 소박한 것을 담고 있다. 아직 푸르지만 내일의 완성인 붉음을 향하여 진행되고 있는 미성숙의 단계가 바로 청시이다. 마찬가지로 이러한 내용을 담고 있는 시의 제목도 작고 소박한 사립문의 시, 扉詩(비시)가 된다.

평론가 최동호 교수는 김달진 시인의 사위이다. 그는 문학동네에서 편찬한 김달진시전집의 평에서 이 작은 뜰을 '삼라만상이 존재하는 세계의 중심'으로 보고 있다.

또한 평론가 김윤식은 「扉詩」에 대해 다음과 같이 말하고 있다.

감나무는 5월에 감꽃이 피고, 6월에 감이 열립니다. 이 감나무의 극치는 단연 홍시입니다. 이렇게 보면 감꽃의 단계, 단단하고 푸른 청시의 단계, 그리고 흠씬 익어 말랑말랑해진 홍시의 단계로 볼 수 있지 않겠습니까. 꽃도 홍시도 아닌 그 중간의 푸르고 단단한 청시에서 김달진이 자기의 출발점을 삼았음이 판명됩니다. 청년다움에 걸맞는 출발점이지요. 그것은 한여름의 꿈이고, 단단한 꿈이고, 어떤 감정의 흔적도 감히 끼어들지 않는 푸르름입니다.

《문학동네》1997년 겨울호

감나무 소재 외에 김달진 시인을 대표하는 시가 바로 「열무꽃」(원제:열무우꽃)이다. 열무꽃 시비는 진해시민회관 앞에 위치해 있다. 1995년에 건립한 이 시비에는 일부 시어를 현대어 표기법에 맞게 고쳤다. 제목인 '열무우꽃' 을 '열무꽃', '뒤우란' 을 '뒤울안' 으로 표기한 것이 그 예이다. 그러나 시의 전체적인 느낌은 크게 변하지 않았다. 시비에서는 없지만 원작시에서는 부제로 '칠월의 향수' 라고 쓰고 있다. 즉, 이 시는 타지에서 고향을 그리워하는 마음을 노래한 것이다.

가끔 바람이 오면
뒤울안 열무 꽃밭 위에는
나비들이 꽃잎처럼 날리고 있었다.

가난한 가족들은
베적삼에 땀을 씻으며
보리밥에 쑥갓쌈을 싸고 있었다.

| 김달진 시인 생가터의 열무꽃과 나비 |

떨어지는 훼나무 향기에 취해,
늙은 암소는
긴 날을 졸리고 졸리고 있었다.

매미 소리 드물어 가고
잠자리 등에 석양이 타면
우리들은 종이등을 손질하고 있었다.

어둔 지붕 위에
하얀 박꽃이
별빛 아래 떠오르면,

모깃불 연기 이는 돌담을 돌아
아낙네들은
앞개울로 앞개울로 몰려가고 있었다.

-「열무꽃」

이 시는 1983년에 출간된 시전집 『올빼미의 노래』에 수록되어 있다. 김달진 시인이 1907년생이니 말년에 고향을 생각하며 창작한 시로 볼 수 있다.

시인이 생각한 고향은 동화속의 세상과 크게 다르지 않다. 여름날의 텃밭에는 하얗게 열무꽃이 피고 나비떼가 열무꽃 위를 분주히 날아다니고, 저녁이 되면 아낙들은 개울로 목욕을 하러 가는 풍경은 한 폭의 서정적인 풍경화처럼 다가온다.

그런데 풍경화라고해서 모두 아름다운 장면만 있는 것은 아

진해시민회관 앞의 「열무꽃」 시비

니다. '가난한 가족들'이 무더위 속에서 '보리밥'을 먹는 모습도 등장하고 있다. 그러나 시인의 머릿속에서는 가난하고 추웠던 기억보다는 따뜻하고 정감 있는 기억들로 대부분 채워져 있다. 다시 말하면 「열무꽃」에 등장하는 고향의 모습은 실재했던 고향에 시인의 추억이 보태어져 더욱 동경하는 공간으로서의 모습을 보여주고 있다.

시민회관 앞의 시비는 '앞'이라고는 하지만 주차장 쪽과 가깝다. 이 「열무꽃」 시비가 진해구에 있는 단 하나의 현대시비라는 점은 조금 놀라움으로 다가온다. 마산만큼 예향으로 평가되는 고장은 아니지만 군항으로서 오랫동안 전통을 지녀온 곳이기에 더욱 그러하다. 물론 시비의 유무가 문학적 성취를 판단하는 것은 아니지만 더 많은 문화 유적이 없다는 것이 조금 서운할 뿐이다.

| 곽재우 장군의 생가터와 수령 500년을 자랑하는 세간리 은행나무 |

남쪽가지에서 자란 두 개의 짧은 가지(돌기)가 여인의 유방같이 생겼다고 해서 젖이 나오지 않는 산모들이 찾아와 정성 들여 빈다는 이야기가 전해오고 있다.

4

유서 깊은 가야의 마을, 의령 · 함안

1) 의령예술촌의 가을
2) 마애사의 봄

의령예술촌의 가을

의령은 옛 아라가야의 전통을 가지고 있는 유서 깊은 고장이다. 그래서인지 유달리 전설도 많이 전해져 내려온다. 특히 은행나무와 느티나무, 바위 등에 대한 것이 많다. 더구나 임진왜란 때 의병장이었던 곽재우 장군에 대한 유적이 많이 남아 있다. 충익사, 의병탑, 망우당 생가 등의 유적은 의령이 얼마나 충의의 고장인가 하는 것을 잘 보여주는 예이다.

| 백곡리 감나무 |

의령예술촌으로 가는 도중에 '백곡리 감나무' 라는 표지가 있어 잠시 걸음을 멈추었다. 우선 짐작으로는 무슨 전설이 깃든 곳이라고 여겨졌다. 감나무는 멀리서 보기에도 범상치 않는 모습을 가지고 있었다. 그러나 안내판을 읽어본 결과 특별한 전설은 없었다. 천연기념물 제492호로 '감나무로서는 보기 드물게 규모가 매우 크고 수형이 아름다우며 이 감나무의 나이는 450년 정도로 추정된다.' 는 내용과 '긴 세월동안 마을

사람들의 사랑으로 잘 보존되어' 마을의 보배라는 것이었다.

그러고 보면 의령에는 천연기념물로 지정된 나무들이 몇 있다. 유곡면 은행나무에는 산후의 부인들이 젖이 나오지 않을 때 치성을 드려서 많은 효험을 받았다는 전설이, 세간리 현고수에는 임진왜란 때 곽재우 장군이 북을 매달아 놓고 의병을 모아 조련하였다는 전설이 담겨 있다. 또한 성황리 소나무에는 소나무끼리 가지가 맞닿으면 광복이 된다는 말이 전해 오더니 그런 현상이 사실로 나타났다고 한다.

의령예술촌으로 가는 길에는 의령 출신 인물들의 유적을 많이 만날 수 있다. 우리나라의 대표적인 기업 삼성을 창업한 이

| 의령예술촌 가을축제의 한 장면 |

병철 생가가 있고, 입산문화역사마을에는 백산 안희제 선생의
생가도 볼 수 있다.

│ ①,④ 전문수 시비 「무명」 ② 이광석 시비 「산에 가면」 ③,⑤,⑥ 이계수 시비 「이파리 연가」, 시인 이계수 기념관 │

목적지가 가까워 질수록 단풍이 짙어지고 풍경이 살아난다.
마침 의령예술촌에서는 가을 축제가 한창이었다. 투호 놀이와
제기 차기, 사생대회, 사진촬영, 백일장 등 다양한 행사가 펼쳐
지고 있다. 기존의 예술촌들이 대부분 그러하듯 의령예술촌도
궁류면 평촌리의 평촌초등학교 부지에 조성되었다. 1999년

개촌하였고, 5개의 상설전시장(한지공예품 · 시화작품 · 서예 및 서예작품 · 그림작품 · 민속품 전시장)과 휴식공간이 있다. 외부에는 잔디밭과 연못이 조성되어 있으며 대형장승과 돌탑, 원두막, 시비(詩碑) 등이 설치되어 있다.

가을볕이 따사로운 운동장 한편에는 전문수의 「무명」, 이광석의 「산에 가면」, 이계수의 「이파리 연가」 시비가 서 있다. 「무명」과 「산에 가면」은 2000년에, 「이파리 연가」는 2002년에 건립되었다. 특이하게도 시비가 주로 석조로 만들어진 반면 의령예술촌의 이 세 시비는 목조이다. 그러다 보니 자연히 비바람을 피하기 위해 지붕을 얹는 독특한 형식이 만들어졌다.

가을에는 우리
진실을 말해야 하네

여름 내 푸른 나뭇잎이
실은
붉은 나뭇잎이었다고

나뭇가지에 매달린 작은
한 알 열매가 그렇듯
그대가 서있는 가장
가까운 거기가
그대가 닿은 가장
먼 곳이라고

가을에는 참으로
진실을 말해야 하네
하늘도
강물도 가장 어둡고
낮은 곳에서
가장 맑고 깊었지

저기 바람에 구르는
붉은 가랑잎
마른 밭길에 밟히는
풍문 같은 길손이여

그대 두 귓바퀴의
파아란 무명(無名)을
가을에는 말해야 하네

-「무명」

전문수의 「무명」은 '가을'과 '진실'이라는 두 가지 과제를 가지고 있다. 흔히 가을은 수확을 하는 풍요로운 계절로 여기고 있다. 삶의 시련기는 겨울이다. 그러나 가을은 풍요로운 시절이면서 동시에 겨울을 앞두고 있는 시점이다. 인생의 가을을 앞두고 가을에 모든 것을 밝히고자 하는 의미를 천명하고 있다.

산에 가면
나도 산이 되고 싶다

평생 하산을 모르는

나무들 마을에

하룻밤 민박을 하고 싶다

넘침도 모자람도 없는

적막의 아랫목에 누워

조난당한 바람들

시린 어깨 껴안아 주고 싶다

아직도 거처를 정하지 못한

이승의 고뇌

훌훌 벗어던지고

오늘밤 나도 하산을 모르는

당신의 작은 산이 되고 싶다

-「산에 가면」

사람들은 번뇌에서 벗어나고자 하지만 그 이유가 되는 욕심을 버리지 못한다. 그래서 계속 번뇌 속에 있으며 고통스러워하고 있다. 화자도 속세에 있으면서 끝없이 산을 그리워한다. '산'이 속세를 벗어난 공간들이라면 나무들은 그 고요와 열락(悅樂)의 세계에 사는 구체적인 존재들이다. 그래서 화자는 나무들의 마을에 민박을 하고 싶어 한다. 그런데 영원히 그곳에 거주하겠다는 뜻이 아니라 단 하룻밤의 속세를 벗어남을 원한다. 이것은 무엇을 말하고 있는가. 화자는 속세에 있지만 속세를 벗어날 생각은 없다. 속세에는 비록 고뇌가 있지만 여전히 화자에게는 삶의 터전이 된다. 그래서 아마도 화자는 영원히 산을 그리워하게 될지도 모르겠다.

「무명」과 「산에 가면」 시비 뒷 공간에는 2001년에 타계한
이계수 시인의 시비와 기념관이 있다. 기념관 안에는 시인의
시화와 전서 등이 전시되어 있다.

마애사의 봄

　　언제부터인가 '마애사 산사 음악회'가 부처님 오신 날을 앞
두고 TV와 현수막으로 대대적으로 홍보되기 시작했다. 고요한
산사와 음악회가 서로 맞지 않을 것 같다는 것이 처음의 생각
이었다. 원래 산에 있는 사찰이란 기도의 도량으로 외적인 활
동보다는 내적인 수양을 중시한다고 미리 생각한 탓이다. 그
런데 의외로 오묘한 조화를 이루고 있었다.

　　직접 행사장에 참여해 보니 그 엄청난 인파에 놀라움을 금할
길이 없었다. 공연에 참가한 유명 가수들도 보고 사찰도 방문
하려는 뜻이었겠지만 많아도 너무 많은 사람들이 모였다.

　　얼마 있으면 부처님 오신 날인데, 오히려 그 날 보다 더 많은
사람이 참가하는 듯싶었다. 이미 주차는 완벽히 통제되어 사

┃마애사 산사음악회에 참가한 사람들┃

찰 아래서부터 셔틀버스를 운영하고 있었는데, 한참을 줄을 서서 기다리거나 걸어서 올라야 했다. 마치 마애사에 가지 않으면 큰 일이 생길 것처럼 모두 비장한 모습들이었고, 엄청난 인파에 서로 놀라는 눈치들이었다.

사정이 이렇다 보니 공양간은 공양간대로 난리법석이다. 끝없이 길게 줄을 늘어선 사람들을 먹이기 위해서 공양간에서 일을 돕는 분들이 쉴 틈 없이 몸을 놀린다. 마침 산사음악회의 단골 가수 안치환이 '사람이 꽃보다 아름다워'를 부르고 있었다. 사람이 꽃처럼 아름다운지는 모르겠으나 꽃처럼 많은 사람들이 몰려 있었다. 절에는 곳곳에 연등이 매달려 있어 봄날의 마애사는 사람과 꽃과 연등의 어울림 속에서 그 절정에 이르고 있었다.

| 모자상과 「어머니」 시비 |

공연장과 공양간 사이에는 소나무 그늘이 있고 이곳에 모자 상과 박노정 시인의 「어머니」 시비가 있다.

세상에서 가장 아름다운 여인
어 · 머 · 니!

부모은중경(父母恩重經) 구절마다
촘촘히 배어 있는 당신의 뼈와 살

서 말 서 되의 피
여덟 섬 너 말의 젖

어머니 즈믄 밤 하늘 우러러
달빛 별빛 버무려 곱게 빚은
정화수 한 사발

어둠과 절망을 물리치시던
어머니 당신 앞에
그 누구도 떳떳하지 못합니다

세상 짐 서둘러 이고지고 가는 길
어머니 약(藥)손으로
오늘도 튼실한 목숨줄 이어갑니다

-「어머니」

이 시에서는 부모은중경(父母恩重經)을 주된 소재로 하여 어머니의 은혜를 이야기하고 있다. 부모은중경이란 '불설대보 부모은중경(佛說大報父母恩重經)', '은중경'이라고도 한다.

자료에 의하면 이 경전은 부모의 소중한 은혜에 대한 부처님의 가르침을 기록한 것으로 단종 2년(1454)에 평양 대성산 광법사에서 새긴 목판본이다. 처음에 종이를 이어 붙여 두루마리 형식으로 만들었다가 병풍처럼 펼쳐서 볼 수 있는 형태로 바꿨다. 본문에서는 부모의 10가지 소중한 은혜를 시처럼 엮어서 읊고, 그림으로 묘사하고 있다. 또 8가지 부모 은혜의 소중함을 글과 그림으로 설명하고, 부모의 은혜를 갚는 경우와 갚지 못하는 경우에 대한 장면을 그림으로 묘사하고 있다.

부모은중경에서 말하는 부모의 10대 은혜는 어머니 품에 품고 지켜준 은혜, 해산 때 고통을 이기시는 은혜, 자식을 낳고 근심을 잊는 은혜, 쓴 것을 삼키고 단 것을 뱉어 먹이는 은혜, 진자리 마른자리 가려 누이는 은혜, 젖을 먹여 기르는 은혜, 손발이 닳도록 깨끗이 씻어주시는 은혜, 먼 길을 떠났을 때 걱정해 주시는 은혜, 자식을 위하여 나쁜 일까지 감당하는 은혜, 끝까지 불쌍히 여기고 사랑해 주시는 은혜를 말한다.

박노정 시인은 진주 출생이며,《호서문학》과《우리문학》을 통해서 작품활동을 시작했다. 진주신문 발행인 겸 편집인이며, 진주문협회장을 역임했다. 시집에는『바람도 한참은 바람난 바람이 되어』,『늪이고 노래며 사랑이던』이 있다.

이 시에서는 어머니를 '가장 아름다운 여인'이라고 칭하고 있다. 자식으로서 '당신 앞에 그 누구도 떳떳하지' 못하다고 한 뜻은 자식을 위하여 온전히 자신의 삶을 모두 바치기 때문이 아닌가 싶다.

박노정의 어머니를 뒤로 하고 마애불을 보기 위해 길을 오른다. 절에서 500m정도 더 올라가야 하니, 이것은 등산이라고 봐야 한다. 만일 누군가 마애불을 보기 위해서 마애사를 찾는다면 등산 복장을 하라고 권하고 싶다. 온화한 미소를 가진 마애불에 도착하는 순간 지금까지의 고됨은 깨끗이 날아가 버린다.

바위에 음각된 부처는 근엄하면서도 자애롭다. 옷자락은 부드러운 선의 윤곽을 따라 흘러내리고 있다. 보물 제159호로 지정되어 있는 방어산 마애불의 정식 명칭은 마애약사삼존불입상으로 통일신라 애장왕 2년(801)에 만든 것이다. 본존은 왼손에 약그릇을 들고 있어서 약사여래상임을 알 수 있으며 얼굴이 타원형으로 길게 표현되었다.

| 방어산 마애불 |

마애불 앞에서 한참을 경탄 속에 서 있다가 뒤를 돌아보면 산수화의 한 장면처럼 포근하고 정겨운 산이 앞에 놓여 있다. 가히 마애불이 마주보며 서 있을 법한 산이었다. 내리막길은 다시 마애사로 향한다. 마애불에 오르느라 이미 마지막 셔틀 버스도 놓친 상태라 터벅터벅 걸어서 내려갈 수밖에 없다. 한참을 걸어 내려가면 어느새 노을이 머리 위로 붉게 물들어 온다.

5

논개의 얼이 서려 있는 곳, 진주

1) 진주성에서 남강을 바라보다
2) 실향의 아픔을 노래하다
3) 수목원 산책길

진주성에서 남강을 바라보다

　진주의 대표적인 명소는 진주성과 촉석루이다. 진주성 입구에 접어들면 제일 먼저 보게 되는 것이 변영로의 「논개」 시비이다. 남강을 바라보는 곳에 자리한 이 시비를 보면 가장 적당한 위치에 알맞은 크기와 모양으로 조성된 예가 아닐까 하는 생각을 하게 된다. 경남의 여러 시비들을 만나 보았지만 한눈에 흡족하게 여겨지는 몇 안 되는 수작이다.

　우선 '논개'에 초점을 맞추고 북과 대나무 문양으로 전통적인 디자인으로 구성이 되어 있다. 그 다음으로는 여인의 버선 모양을 닮은 몸체가 시를 담고 있는 형태로 되어 있어서 안정감이 더해지고 있다. 눈에 잘 보이고 친근한 곳에 있지만 실제적인 관리가 되고 있다는 점에서는 여타의 시비들과는 차이가 있다. 바로 옆에 매표소가 있고, 평일 낮에는 늘 직원들이 상주해 있으므로 시비는 늘 원형 그대로 유지된다. 실제로 이 시는 1991년에 조성된 것인데, 20년 가까운 세월이 지나도 거의 원형 그대로 유지되고 있다.

　대부분의 문학비들이 석재로 조성되어 있어 파손될 위험이 없다고 생각할지 모르나 실제사정은 다르다. 우리나라의 시비들이 얼마나 많은 수난을 겪는지는 조금만 관심을 가진다면 알 수 있다. 오물이 묻어 있거나 담뱃재가 있는 것은 그나마 나은 경우이다. 붉은 색 스프레이로 색칠이 되는가 하면 아무 이유 없이 글씨가 파손되기도 한다. 그래서 시비 중에는 글씨가 떨어져 나가서 몇 글자를 보기 어려운 것들이 제법 있다. 누가 뭐래도 세월에 의한 자연 마모는 아닌 것이다. 이런 점에서 나는 진주성 입구에 있는 이 「논개」 시비를 여러 모로 가장 바람직한 형태로 여기고 있다.

진주성에 논개만 있는 것은 아니지만 '진주성=촉석루=논개' 의 연상은 매우 자연스럽게 이루어진다. 그만큼 논개의 이미지는 진주성에 절대적이다. 변영로의 「論介」 시비는 논개가 최후를 맞았던 의암을 비스듬히 내려다보는 위치에 있다.

| 변영로의 「논개」 시비 |

거룩한 분노는
종교보다도 깊고
불붙는 정열은
사랑보다도 강하다.
아, 강낭콩꽃보다도 더 푸른
그 물결 위에

양귀비꽃보다도 더 붉은
그 마음 흘러라.

아리땁던 그 아미(蛾眉)
높게 흔들리우며
그 석류 속 같은 입술
죽음을 입맞추었네.
아, 강낭콩꽃보다도 더 푸른
그 물결 위에
양귀비꽃보다도 더 붉은
그 마음 흘러라.

흐르는 강물은
길이길이 푸르리니
그대의 꽃다운 혼(魂)
어이 아니 붉으랴.
아, 강낭콩 꽃보다도 더 푸른
그 물결 위에
양귀비꽃보다도 더 붉은
그 마음 흘러라.

-「論介」

　　논개의 고향은 전라북도 장수이며, 성은 주씨(朱氏)이고 본
관은 신안으로 알려져 있다. 원래 양반가의 딸이었으나 아버
지가 죽고 집안에 어려움이 겹쳐 가산을 탕진하자 경상우도 병

마절도사 최경회의 후처가 되었다고 전한다. 1952년 임진왜란이 일어나 5월4일 서울을 빼앗기고 진주성만이 남았을 때 왜병을 맞아 싸우던 수많은 군인과 관원과 백성들이 죽고 성이 함락될 무렵 최경회는 왜군에 의해 전사한다.

왜장들이 승리를 자축하기 위해 촉석루에서 연회를 여는데 논개는 남편 최경회의 원수를 갚기 위해 기생으로 위장하여 참석한다. 그리고 분위기가 무르익을 무렵 계획대로 양 손가락에 반지를 끼고 술에 취한 왜장과 함께 남강에 투신하여 죽음을 맞았다. 그래서 논개의 반지는 논개의 충절을 상징하는 물건이 되어 남강교를 받들고 있다.

변영로의 시 「논개」 외에 '논개'를 전국적으로 알린 노래가 바로 80년대 초에 가수 이동기가 부른 '논개'였다. 이 노래는 당시의 인기 작사가 이건우 씨가 노랫말을 썼고, 이것을 이동기 씨가 곡을 붙여 노래를 불렀다. 신나는 리듬과 애국적인 내용으로 구성된 이 노래는 선풍적인 인기를 얻었다.

꽃입술 입에 물고 바람으로 달려가
작은 손 고이 접어 기도하며 울었네
샛별처럼 반짝이던 아름다운 눈동자
눈에 선한 아름다움 잊을 수가 없어라
몸 바쳐서 몸 바쳐서 떠내려간 그 푸른 물결 위에
몸 바쳐서 몸 바쳐서 빌어간 그 사랑 그 사랑 영원하리

큰별이 저리 높게 아름다운 논개의
뜨거운 그 입술에 넘쳐가던 절개여

샛별처럼 반짝이던 아름다운 눈동자
눈에 선한 아름다움 잊을 수가 없어라
몸 바쳐서 몸 바쳐서 떠내려간 그 푸른 물결 위에
몸 바쳐서 몸 바쳐서 빌어간 그 사랑 그 사랑 영원하리
　　　　　-「논개」(이건우 작사, 이동기 작곡·노래)

　병영로의 시 외에도 논개를 노래한 시에는 만해 한용운의 「논개의 애인이 되어서 그의 묘에」, 강희근의 「논개 사당의 단청(丹靑)」, 고은의 「논개」, 임종성의 「논개에게」 등과, 모윤숙의 서사시 「논개」가 있다.

| 의랑 논개의 비 |

　그러나 논개를 기리는 사당 의기사 앞에 있는 비석에 있는 「의랑 논개의 비」는 조금 더 직접적으로 논개를 기리고 있다. 이 비석은 논개를 기리기 위하여 1945년 진주의 기생 모임인 진주의기창렬회에서 세웠으며, 설창수가 비문을 짓고 오제봉이 글씨를 썼다. 뒷면에는 논개가 왜장을 안고 물에 뛰어든 사연이 새겨져 있다.

하나인 것이 동시에 둘일 수 없는 것이면서 민족의 가슴팍에 살아 있는 논개의 이름은 백도 천도 만도 넘는다 마즈막 그 시간까지 원수와 더부러 노래하며 춤추었고 그를 껴안고 죽어 간 입술이 앵두보담 붉고 서리 맺힌 눈섭이 반달보다 고왔던 것은 한갓 기생으로서가 아니라 민족의 가슴에 영원토록 남을 처녀의 자태였으며 만 사람의 노래와 춤으로 보답받을 위대한 여왕으로 서다

민족 역사의 산과 들에 높고 낮은 권세의 왕들 무덤이 오늘날 우리와 상관이 없으면서 한 줄기 푸른 물과 한 덩이 하얀 바위가 삼백 예순 해를 지날수록 민족의 가슴 깊이 한결 푸르고 고운 까닭이란 그를 사랑하고 숭모하는 뜻이다 썩은 벼슬아치들이 외람되이 높은 자리를 차지하여 민족을 고달피고 나라를 망친 허물과 표독한 오랑캐의 무리가 어진 민족을 노략하므로 식어진 어미의 젖꼭지에 매달려 애기들을 울린 저주를 넘어 죽어서 오히려 사는 이치와 하나를 바쳐 모두를 얻는 도리를 증명한 그를 보면 그만이다

피란 매양 물보다 진한 것이 아니어 무고히 흘려진 그 옛날 민족의 피는 어즈버 진주성터의 풀 거름이 되고 말아도 불로한 처녀 논개의 푸른 머리카락을 빗겨 남가람이 천추로 푸르러 구비치며 흐름을 보라

애오라지 민족의 처녀에게 드리곺은 민족의 사랑만은 강물따라 흐르는 것이 아니기에 아아 어느 날 조국의 다사로운 금잔디 밭으로 물 옷 벗어 들고 거닐어 오실 당신을 위하여 여기에 돌 하나 세운다

-「의랑 논개의 비」

그런데 한때 이 비석의 내용 중 논개의 출신지와 왜장의 이름 등을 두고 향토사학자들 사이에 논란이 빚자 정확한 고증을 통해 결론이 나올 때까지 일반인이 볼 수 없도록 가리기로 한

적이 있다. 2004년에 시 관계자와 진주문화원 국립진주박물관 등의 전문가 10여명으로 자문위원회를 구성, 논개비에 대한 회의를 한 결과 결론이 나지 않아 고증이 될 때까지 뒷면을 종이 등으로 글귀가 보이지 않도록 가리고 비닐코팅을 하기로 했던 것이다.

자문위원회에서는 완전철거하자는 주장과 뒷면만 깎아내자는 주장, 현재의 비석을 다른 곳으로 옮기고 다산 정약용 선생의 논개 찬양 글을 기초로 새로 만들자는 등 다양한 의견이 개진됐으나 결론을 내리지는 못했다.

향토사학자 조중화 씨는 논개와 함께 투신한 왜장의 이름이 게야무라 로구스케(毛谷村六助)라고 되어 있으나 임진왜란 당시 진주성 전투의 왜군 총지휘관은 우기다 히데이에(宇喜多秀家)라고 밝힌 적이 있다. 또한 게야무라 로구스케라는 이름도 일본의 게야무라(毛谷村) 출신 서민 로구스케라는 의미를 갖고 있으며, 게야무라는 천한 계층에서 쓰는 이름으로 장군이

| 설창수 시인 동상과 시비 |

될 수 없다고 했다.

발길을 돌려 진주성 맞은편 화단으로 향한다. 진주성이 마주 보이는 이곳에는 개천예술제를 창시했으며, 진주의 문화예술에 지대한 영향을 끼친 설창수 시인의 흉상과 시비가 있다. 그 옆에는 개천예술제 50회를 기념하는 건축물이 나란히 서 있다.

晉陽湖(진양호)와 水東流(수동류)를
왜 남강으로 이름했음일까
아무도 모른다

언제 어드메서 처음되었는지
너 강줄기의 족보를 아무도 모른다

멍든 선지피로 흘렀던 짓밟힌 淸江(청강)의 젖가슴에
말없이 남아 있는 돌 하나-
그 默語(묵어)를 아무도 모른다

둥근 달과 뭇 별을 눈망울에 담고도
차라리 여울마다 목메이는 서러움을
아무도 모른다

天地 報君 三壯士로 읊조렸던
왕이란 것 따로 없는 만백성의 나라-
歷史란 얼굴을 비쳐주는 푸른 거울임을 아무도 모른다

-「南江가에서」

실향의 아픔을 노래하다

진양호 공원에는 시비와 노래비가 여러 개 있다. 노래비로는 구선착장에 있는 남인수의 「애수의 소야곡」, 그리고 진양호 공원 중턱에 있는 이재호의 「남강의 추억」이 있다. 시비로는 공원 입구의 충혼탑에 있는 「충혼의 소리」와 충혼탑 인근에 위치한 「망향」이 있는데, 둘 모두 강희근 시인의 시이다.

| 진양호공원의 남인수, 이재호 노래비 |

이 중에서 「충혼의 소리」는 '충혼탑' 이라는 상징물과 어울리게 기념시의 면모를 잘 보여 준다. 주목할 것은 「망향」이다. 문학적 평가 여부를 떠나서 이 작품은 큰 의미를 가지고 있다. 바로 시비가 가지는 구체적인 '기능' 을 보여주기 때문이다. 물론 앞서의 「충혼의 소리」도 나름의 역할에 맞는 애국적인 기능을 하고 있다. 그렇지만 수몰로 고향을 잃은 사람들의 마음을 달래주는 '큰 위로' 와는 서로 다른 차원이다.

호반에 서면
물 아래 들어간 고향 까꼬실이
아직도 허우적거리고 있음을 보게 되네
멱 감던 德川江(덕천강)이 앞내로 흐르고
피리 잡던 鏡湖江(경호강)이 뒷내로 흐르듯이
물은 예대로 흘러와
진양호를 질펀히 채우는데
마을은 저 물을 딛고 오르지 못하고 이리
사람 가슴에 들어와 가슴을 두드리고 있네
그 골목 다정한 이웃
그 물가 백사장 눈부신 햇살
마을을 떠나 어디로 가 있는가
앞들과 뒷들 새미골 들판의 탐스런 오곡들
녹두섬 밭고랑에 알알이 고구마 감자
그렇게 살지고 영글어서 지금 어디로 가 있는가
三災(삼재)도 들어오지 못하는 天下之洛陽(천하지낙양)
사람의 역사와 함께 하여 인재와 문화
수틀에 수 놓이듯 문채가 빛났는데
그 인재 그 이름 다 얻다 놓고
마을은 이리 사람 가슴에 들어와
가슴만 두드리고 있는가
아 까꼬실 사람 호반에 와 서면
고향이 물 아래 들어가 눈시울에 어리지만
까꼬실 사람으로 사는 길이 가슴에
와 있음을 보게 되네 보게 되네   -「望鄕碑」

이 시는 호수에 선 까꼬실 사람들의 마음을 간접적으로 드러내 주고 있다. '다정한 이웃들과 많은 인재들이 있던 유서 깊은 고향이 물에 잠겨 슬프다.'는 것이 핵심 내용이다. 실제로 수몰된 까꼬실 사람들은 매년 9월경에 망향 행사를 하는데, 행사 소식지에는 각계각층에서 활발하게 활동을 하고 있는 사람들이 소개되고 있다. 특히 망향비에 글씨를 쓴 서예가 정문장 씨는

| 망향비, 망향비 글씨를 쓴 서예가 정문장 씨, 까꼬실 사람들의 망향 행사 |

강희근 시인을 '친구' 라고 부르며 환한 웃음을 보여주었다.

　'마을은 저 물을 딛고 오르지 못하고 이리 사람 가슴에 들어와 가슴을 두드리고 있네.' 하는 구절에 이르면 절로 가슴이 미어진다. 대대로 살았던 터전이 수몰되어 다시 찾아갈 수 없다는 것을 알면 그 슬픔이 얼마나 클 것인가. 망향비의 시는 수몰민의 아린 마음을 달래주고 있다. 시가 줄 수 있는 가장 큰 작용은 이와 같은 공감과 위로가 아닐까 싶다.

수목원 산책길

경남수목원은 주말을 이용해서 인근 주민들이 가장 많이 찾는 명소 중 하나이다. 그래서인지 주말에는 주차를 할 곳이 없을 정도로 사람들이 붐빈다.

경남수목원은 국내외의 다양한 수종을 전시해 자연학습, 학술연구, 유전자 보존 및 건전한 산림 문화공간을 제공할 목적으로 1993년 4월 5일 도립 반성수목원으로 개원한 뒤, 2000년 2월 지금의 이름으로 바꾸었다고 소개하고 있다. 2001년 7월 개관한 산림박물관은 지하 1층, 지상 3층 건물에 4개의 전시실과 자연표본실·생태체험실을 갖추고 있다. 전문수목원은 침엽수원·낙엽활엽수원·상록활엽수원·화목원·야생초화류원·수생식물원·생울타리원·선인장원·장미원·유실수원 등 16개 원(園)으로 구성되어 있다.

| 꽃을 소재로 한 시 |

수목원이 너무 넓기 때문에 몇 시간만 짬을 내어 둘러보기에는 촉박하다. 적어도 반나절이나 하루를 잡는다면 여유 있게 둘러볼 수 있다. 각 코너별로 둘러보는 동안 몸도 가벼워지고 마음도 즐거워진다.

수목원 산책을 마치고 나면 다시 매표소 인근으로 돌아와야 하는데 이 지점에 이르면 시를 감상할 수 있도록 조그만 공간이 마련되어 있다. 신경림의 「갈대」, 김소월의 「산유화」, 안도현의 「제비꽃에 대하여」등의 시가 안내판 형식으로 제작되어 관람객의 시선을 붙든다. 대부분 유명한 작품들이라 눈에 익은 것들이지만 장소와 조화를 이

룬 탓에 읽는 내내 시선을 붙든다.

　그 시편들의 중앙에는 노산 이은상의 「나무의 마음」이라는
시비가 있다. 수목원에서 읽는 '나무' 의 마음은 조금 특별하게
읽힌다.

　　나무도 사람처럼 마음이 있소
　　숨쉬고 뜻도 있고 정도 있지요
　　만지고 쓸어주면 춤을 추지만
　　때리고 꺾으면 눈물 흘리죠

　　꽃피고 잎퍼져 향기 풍기고
　　가지 줄기 뻗어서 그늘 지우면
　　온갖새 모여들어 노래 부르고
　　사람들도 찾아와 쉬며 놀지요

　　찬서리 눈보라 휘몰아쳐도
　　무서운 고난을 모두 이기고
　　나이테 두르며 크고 자라나
　　집집이 기둥들보 되어 주지요

　　나무는 사람마음 알아주는데
　　사람은 나무마음 왜 몰라주오
　　나무와 사람들 서로 도우면
　　금수강산 좋은 나라 빛날 것이오

　　　　　　　　　　　　　　-「나무의 마음」

나무와 사람들이 서로 도우면 금수강산이 될 것이라는 귀결은 조금 평범하다. 평범하기보다는 오히려 교훈조에 더 가깝다. 그러나 '나무도 사람처럼 마음이 있소. / 숨쉬고 뜻도 있고 정도 있지요.' 하는 첫 구절은 수목원을 방문한 사람들의 가슴을 뭉클하게 만드는 그 무엇이 있다.

만일 이것이 입구에 놓여 있었다면 그 감동이 이렇게 많지 않았을 것이다. 산책을 하는

| 이은상 「나무의 마음」 시비 |

동안 마음도 어느새 맑고 순수해져 있는 시점에 이 작품을 읽게 된다.

얼핏 보아도 이 시는 3음보의 율격을 가지고 있어서 노래로 불리기에 적합하다는 것을 알게 된다. 좋은 곡이 붙여져서 노래로 불려도 사랑을 많이 받지 않을까 하는 생각을 하며 수목원을 나선다.

6

바닷가에 풀리는 詩心,
사천 · 고성 · 남해

박재삼문학관과 시인의 흔적

| 박재삼문학관 |

사천에는 유독 박재삼 시인의 흔적이 많다. 박재삼은 일본에서 출생하였으나 어린 시절을 삼천포에서 보냈다. 그래서 사천 사람들은 박재삼을 자신의 고장이 낳은 큰 시인으로 추앙하고 있다.

시비만 하더라도 노산공원에 「천년의 바람」, 「울음이 타는 강」, 「내 고향 바다 치수」가 있고, 삼천포 청소년문화센터에 「젊은 삼천포」가, 삼천포대교 시민공원에 「아득하면 되리라」가 있다. 간단히 말하면 사천(삼천포)에서 찾을 수 있는 현대문학의 유적으로는 박재삼 시인의 것이 대표적이다.

이토록 시인 박재삼이 많은 사람들의 사랑을 받는 이유는 무엇일까. 다른 여러 요인이 있겠지만 그의 시에 가식이나 허세가 없고, 편안하게 잘 읽혀진다는 것에서 찾을 수 있겠다. 또한 평생을 따라다닌 가난은 그가 시를 쓰게 하는 창작의 동기였으며, 극복해야 할 쓰린 상처였다. 이러한 가난은 초기의 시에서 잘 보여주고 있다.

국민학교를 나온 형이
화월여관 심부름꾼으로 있을 때
그 층층계 밑에
옹송거리고 얼마를 떨고 있으면
손님들이 먹다가 남은 음식을 싸서
나를 향해 남몰래 던져주었다.
집에 가면 엄마와 아빠
그리고 두 누이동생이
부황에 떠서 그래도 웃으면서

반가이 맞이했다.

나는 맛있는 것을 많이 먹었다며

빤한 거짓말을 꾸미고

문득 뒷간에라도 가는 척

뜰에 나서면

바다 위에는 달이 떴는데

내 눈물과 함께

안개가 어려 있었다.

-「추억에서 30」

| 박재삼 시인의 시집들 |

　　너무도 가난한 추억의 일부분을 시를 통해서 재현하고 있다.

그에게 가난은 유년 시절의 차가운 기억이었으며 '눈물' 이었

다. 연작 시집 『추억에서』는 이런 그의 가난 체험을 고스란히 담아내고 있다. 다음 시를 읽어 보자

해방된 다음해
노산 언덕에 가서
눈 아래 무역회사 자리
홀로 삼천포중학교 입학식을 보았다.
기부금 삼천원이 없어서
그 학교에 못 간 나는
여기에 쫓겨오듯 와서
빛나는 모표와 모자와 새 교복을
눈물 속에서 보았다.

-「추억에서 31」부분

지금은 사천시와 삼천포시가 합쳐져서 사천시가 되었다. 그러나 박재삼 시인은 사천의 시인이라고 불리기보다는 삼천포의 시인으로 불리는 것이 자연스럽다. '삼천포'라는 이름에는 그가 가난한 시절을 보낸 기억이 고스란히 남아 있고, 또 그가 사랑했던 삼천포 바다가 고스란히 넘실거리고 있기 때문이다.

사천시에서 삼천포항을 찾았다면 잊지 말고 가봐야 할 곳이 서금동 노산공원 안에 위치한 박재삼문학관이다. 2008년에는 문을 연 이곳은 노산공원 중심에 자리 잡고 있다.

문학관의 입구에 들어서면 제일 먼저 반기는 것이 박재삼 시인의 젊은 시절 사진이다. 소탈한 표정을 지으며 서 있는 그의 뒤로는 삼천포 바다를 배경으로 적힌 친필이 있다.

진실로 진실로
세상을 몰라 묻노니
별을 무슨 모양이라 하겠는가.
또한 사랑을 무슨 형체라 하겠는가.

「세상을 몰라 묻노니」라는 시의 일부분이다. 천진한 시인의 본보기로는 천상병 시인을 많이 들지만, 이쯤 되면 박재삼 시인도 천진성의 시인으로 불릴 법도 하다. '세상을 몰라 묻노니 // 아무리 눈으로 새겨 보아도 / 별은 내게는 / 모가 나지 않네 / 그저 휘황할 뿐이네.' 라는 그의 시가 가식적으로 들리지 않는 이유는 그의 삶과 시세계가 오로지 진솔하였기 때문일 것이다.

▎박재삼문학관 입구 (젊은 시절의 박재삼 시인이 서 있다.) ▎

문학관은 방문객을 위하여 다양한 체험을 할 수 있게 꾸며져 있다. 기존의 전시 위주의 문학관이 체험 위주로 바뀌고 있음이리라. 사람을 인식하고 자동으로 시인과 관련된 영상물을 보여 주는가 하면 시어들을 배열해 가면서 박재삼의 시를 감상할 수 있는 시 체험도 할 수 있다. 2층의 다목적실에서는 박재삼 시인의 일생을 담은 영상물을 감상할 수도 있으며, 3층에서는 삼천포 바다와 닿은 노산공원과 사천 시내를 둘러볼 수 있다

문학관 주변에는 박재삼 시인의 시비가 많이 있는데, 삼천포 바다에서 노산공원으로 오르는 길 주변이 '박재삼 거리'로 명명되어 있다. 푸른 바다와 노산공원, 그리고 박재삼 시인의 생가로 이어지는 길이다.

박재삼 거리에서 노산공원을 조금 오르면 여러 곳에 박재삼

| 박재삼 거리 (노산공원 입구) |

시인에 대한 소개를 하는 안내판이 있다. 조금 더 오르면 산 정
상에 이르게 되고 곧 평지가 나타나는데 여기에 시인의 대표작
중 하나인 「천년의 바람」 시비가 있다.

천년 전에 하던 장난을
바람은 아직도 하고 있다.
소나무 가지에 쉴새 없이 와서는
간지러움을 주고 있는 걸 보아라
아, 보아라 보아라
아직도 천 년 전의 되풀이다.

그러므로 지치지 말 일이다.
사람아 사람아
이상한 것에까지 눈을 돌리고
탐을 내는 사람아.

-「천년의 바람」

「천년의 바람」 시비를 따라서 조금 더 길을 걸으면 그곳에
얼마 전 개관한 박재삼문학관이 있다. 시인이 생전에 즐겨 시
로 노래했던 삼천포 바다와 노산공원, 그리고 박재삼문학관,
생가가 모두 같은 연장선상에 놓여있는 것이다.

박재삼의 시에서는 물의 이미지가 많이 등장한다. 강물, 울
음 등이 그것이다. 문학관으로 오르는 길목에 위치한 시비「울
음이 타는 강」에서도 그것이 잘 드러나고 있다.

마음도 한자리 못 앉아 있는 마음일 때,
친구의 서러운 사랑이야기를
가을햇볕으로나 동무삼아 따라가면,
어느새 등성이에 이르러 눈물나고나.

제삿날 큰집에 모이는 불빛도 불빛이지만,
해질녘 울음이 타는 가을강을 보겠네.

저것 봐, 저것 봐,
너보다도 너보다도

그 기쁜 첫사랑 산골물 소리가 사라지고
그 다음 사랑 끝에 생긴 울음까지 녹아나고
이제는 미칠 일 하나로 바다에 다   와가는
소리죽은 가을강을 처음 보겠네.

-「울음이 타는 강」

| 문학관으로 오르는 계단 좌측에 위치한 시비 「울음이 타는 강」 |

　너무나 고요하고 정겹고 눈물겨운 시다. 친구의 서러운 사랑 이야기를 듣고 눈물을 흘릴 수 있는 까닭은 자신도 오랫동안 가난을 체험했기 때문일 것이다.

　박재삼문학관을 내려와서 좌측으로 한참을 걷다 보면 노산 공원이 저만치 보이는 지점에 이른다. 이곳에 박재삼 시인의 생가가 있다. 일반적으로 시인의 생가라고 하면 관련 정부 기관의 예산 지원으로 새 단장을 하여 이전의 모습이 완전히 소실된 경우가 많다. 아니면 다른 사람이 살고 있어서 출입이 어렵거나 방치된 경우도 있다. 그러나 박재삼 시인이 한동안 살았던 곳은 콘크리트 집이라 다행히 그런 우려에서 조금 벗어나 있었다.

　박 시인의 생가는 지금 그의 형님 가족이 살고 있다. '1층은 땡초김밥'이라는 상호의 음식점인데, 바로 그 2층에 생가가 위치해 있다. 땡초김밥집은 배달을 전문으로 하는 곳인지 실내는 조금 좁아 보였다. 매운 칼국수를 시켜서 먹으며 여기가 박재삼시인의 생가가 아니냐고 물었다. 여주인은 그렇다고 하면서 2층이 생가라고 한다.

　이전 같으면 2층의 창밖으로 삼천포 바다가 넘실대며 출렁일 것 같았지만 지금은 모텔이 앞을 완전히 가로막고 있다. 연둣빛에 가까운 색으로 페인트칠을 해서 그런지 고풍스러운 느낌은 많이 들지 않았다. 김밥집을 나와서 걸어가다가 뒤돌아보니 박재삼 시인이 조그만 창을 열고 내려다보는 듯하였다.

고성은 당항포와 상족암으로 널리 알려진 곳이다. 고성을 지나치게 되면 여지없이 공룡 모형을 발견하게 된다. 고성이 상족암으로 공룡의 고장으로 알려진 지는 오래 되었지만, 공룡 엑스포를 통해서 확실하게 '공룡의 고장' 으로 자리매김을 하고 있다.

| 상족암에 남아 있는 공룡 발자국 |

고성의 대표적인 공원인 남산공원은 고성읍을 한눈에 내려다 볼 수 있는 곳에 위치해 있다. 군민공원인 이곳에는 옥천사의 말사인 보광사가 있고, 인근에 충혼탑과 6.25 반공유적비 등

이 있다. 남산공원은 산책로가 잘 정비되어 있고 생활체육시설과 쉼터가 마련되어 있어서 평일에도 많은 사람들이 찾는 명소이다.

박목월 시비는 보광사와 가까운 공원입구에 위치해 있다. 박목월의 시비는 주로 활동했던 서울과 성장했던 경주에 대부분이 건립되어 있다. 「달」, 「얼룩송아지」, 「황소예찬」, 「산도화」, 「옥피리」등이 각각 한 곳에 건립되어 있고, 「나그네」는 네 곳에 건립되어 있다. 이것만 보아도 박목월의 여러 시 중에서 「나그네」가 가장 사랑을 많이 받는 시임을 알 수 있다.

박목월의 시비 「나그네」가 고성에 건립된 이유는 두 가지로 볼 수 있다. 하나는 고성이 출생지라는 주장이 있다는 점이고, 나머지 하나는 시의 내용에 등장하는 '남도' 때문이다. 일부 문헌에서도 그의 출생지가 경주가 아닌 고성으로 기록되고 있음을 발견할 수 있으나 시전집을 포함한 여러 저서에는 그의 출생지와 고향은 동리목월문학관이 있는 경주로 기록되어 있다.

시비 뒷면의 건립기에는 다음과 같은 구절이 있다.

고성청년회의소 창립 제30주년 기념사업으로 건립한 본 시비는 시인의 자작시 해설집 「보라빛 素描」에서 "내가 태어난 곳은 경남고성(慶南固城)"이라는 내용을 바탕으로 고성청년회의소 전 회원의 뜻을 모아 시인의 출생지 기념 시비를 여기에 건립하게 되었다. 1997. 11. 12

실제로 그의 출생지가 고성인지 아닌지 쉽게 파악하기 어렵다. 문헌에는 1916년 1월 6일 경주 서면 모량리 571번지라는 구체적인 출생지가 기록되어 있기 때문이다. 그렇다면 왜 자작시 해설에서 자신의 고향을 고성이라고 했을까 하는 의문이 생긴다. 여러 주장이 있겠지만 시의 내용을 살펴보면 어느 정도 짐작을 할 수 있다.

경주는 서울에서 보면 남쪽이긴 하지만 엄격히 말하자면 시에 등장하는 '남도'는 아니다. 자작시 해설집도 역시 독자들을 고려한 것이라는 점을 생각하면 시에 더 많은 의미 부여를 위한 시인의 의도된 배려가 아닐까 싶다.

江나루 건너서
밀밭 길을

구름에 달 가듯이
가는 나그네

길은 외줄기
南道 三百里

술 익은 마을마다
타는 저녁 놀

구름에 달 가듯이
가는 나그네

-「나그네」(1946. 4.)

이 시의 탄생 배경에는 조지훈 시인과의 일화가 있다. 1942년 박목월은 조지훈 시인의 편지를 한 통 받았다. 1939년에 정지용 시인에 의해 《문장》지의 추천으로 시인이 된 조지훈의 편지였다. 이들은 박목월의 고향 경주에서 서로의 이름이 적힌 깃대를 들고 처음 만나게 된다. 이후 서로의 교류가 깊어질 무렵 조지훈은 박목월에게 '꽃을 즐기는 선비의 적삼'이라는 뜻으로 풀이되는「완화삼(玩花衫)」이라는 제목의 시를 보낸다.

불국사 나무 그늘에서 나눈 찬 술에 취하여 떨리는 봄 옷을 외투로 덮어 주던 목월(木月)의 체온도 새로이 생각난다. 그리하여 나는 보름 동안을 경주에서 머물렀고, 옥산서원(玉山書院)의 독락당(獨樂堂)에 눕기도 하였으며, 〈완화삼〉이란 졸시를 목월에게 보내기도 하였다. 목월의 시 〈나그네〉는 이 〈완화삼〉에 화답하여 보내준 시이다. (중략) 붓을 꺾고 떠돌며 살던 5년간을 우리는 이렇게 편지로 서로의 마음을 하소연하며 해방을 맞았던 것이다. (조지훈, 박목월 시집『산도화』(1955) 발문에서)

20대 중반에 두 시인이 만난 이 기록을 보더라도 그의 고향은 경주라는 점을 미루어 짐작할 수 있다. 조지훈이 보낸 시를 잠시 읽어보자.

차운 산 바위 위에
하늘은 멀어
산새가 구슬퍼
우름 운다.

구름 흘러가는
물길은 七百里

나그네 긴 소매
꽃잎에 젖어
술 익는 강마을의
저녁 노을이여

이 밤 자면 저 마을에
꽃은 지리라

다정하고 한 많음도
병인 양하여
달빛 아래 고요히
흔들리며 가노니……

-「완화삼(玩花衫)-木月에게

　「완화삼」의 '구름 흘러가는 물길은 七百里', '술 익는 강마
을의 저녁 노을이여'라는 구절은 「나그네」의 '길은 외줄기 南
道 三百里', '술 익은 마을마다 타는 저녁 놀'과 서로 연관지
어서 읽을 수 있다. 「나그네」는 일제시대에 태어나 청록파 시
인으로 불리며 한국 서정시의 한 유파를 형성했던 시인들의 우
정과 고민을 확인할 수 있는 좋은 문학적 사료가 된다.

해 금산

| 해오름예술촌 |

남해로 향하는 길은 멀고 고즈넉했다. 남해대교 대신 새로 생긴 창선대교를 통해서 남해로 입성하였다. 목적지인 금산으로 향하는 도중 곳곳의 도로표지판에서 '상주해수욕장', '두곡·월포해수욕장', '활어위판장', '가천 다랭이 마을'과 같은 지명들을 보고서야 비로소 남해가 바닷가라는 사실을 실감하게 된다.

남해 금산으로 가는 길에는 해오름예술촌과 독일 마을을 만날 수 있다. 이전에는 남해의 이미지가 상주해수욕장과 금산으로 대변되어 왔다. 그러나 근래에는 이 두 곳을 포함하여 다랭이마을과 스포츠파크도 이름을 얻는 곳이다. 명소의 개념이 보고 즐기는 곳에서 사람이 직접 참여하는 곳으로 변모되고 있음을 보여주는 예이다. 외진 곳이고 평일인데도 많은 사람들이 몰려 있었다.

조금 더 길을 달려 보리암 주차장으로 향한다. 남해를 대표하는 공간으로 금산이 많이 알려졌지만 금산을 찾는 사람들의 대부분은 보리암이 목적지인 경우가 많다. 이전에는 보리암까지 차량 출입이 허용된 적이 있었다고 하는데 근래에는 셔틀버스가 운행중이다. 그나마도 줄이 너무 길게 늘어선 바람에 30분을 기다리는 것은 흔한 일이다.

| 셔틀버스에서 내려 금산을 오르는 사람들 |

가까스로 셔틀버스를 타고 금산으로 오르는 동안 굽이굽이 비탈진 길은 금산이 얼마나 높은 곳에 위치해 있는가를 단적으로 보여준다. 구불구불 좁은 길을 급회전으로 오르다 보면 점점 더 인가는 멀어지고 산이 가까워진다.

사실 금산의 진면목을 직접 느끼려면 등산을 해야한다. 셔틀

버스는 보리암까지 편리하게 왕복해주지만 노선 자체가 금산의 여러 명물들과 풍광을 접하기에는 조금의 무리가 있기 때문이다. 더구나 대표적인 명물 쌍홍문이라는 절경을 구경할 수 없는 것은 큰 아쉬움이다.

마침내 버스가 산등성이의 주차장에 도착을 했는데, 그곳에서도 한참을 더 걸어서 올라야 목적지에 도착할 수 있었다. 서서히 웅장한 바위들이 드러나고 보리암으로 가는 길목이 나타날 무렵 저 멀리 남해 바다가 보이기 시작한다.

'300리 아름다운 바닷길'이라는 안내판에는 저 멀리 보이는 바닷가와 섬들의 지명을 표기해 두고 있다. 호도, 애도, 떼섬, 밤섬, 목섬, 삼치도, 삼여도와 같은 섬들이 나란히 좌에서 우로 펼쳐져 있고, 상주해수욕장이 조개모양으로 펼쳐져 있다. 여름철이면 상주해수욕장에서 출발하여 금산까지 도보로 등산을 하는 인파를 어렵지 않게 찾아볼 수 있다. 그만큼 상주해수욕장과 금산은 남해를 대표하는 명물이다.

보리암 가는 길에서는 잘 보이지 않지만 호도의 우측으로는 서포 김만중(1637~1692)의 유배지로 알려진 노도가 있다. 김만중은 1689년(숙종 15) 노도로 유배 와서 1692년(숙종 18) 56세의 나이로 이곳에서 생을 마감했다고 전한다. 그는 유배기간 동안 『사씨남정기』와 『서포만필』을 집필하였다. 노도에는 김만중이 직접 팠다고 전해지는 우물과 시신을 잠시 묻었던 허묘(墟墓), 초옥이 있던 터가 남아 있다.

육지의 끝 막막한 세월을 두고 집필을 하던 서포와 그의 작품 구운몽을 떠올릴 때쯤 어느덧 보리암이 가까워진다. 남해 바다가 선명하게 바라다 보이는 곳에 이성복의 시 「남해 금산」

| 이성복의 시 「남해 금산」 시화 |

시화가 있다. 남해를 소재로 한 많은 문학작품들이 있지만 그 중에서도 소설가 서정인의 「산」, 이성복의 「남해 금산」이 많이 알려져 있다.

금산에서 직접 푸른 남해바다를 보면서 시를 읽는 느낌은 매우 특별하다. 마치 금산을 위해서 태어난 듯한 이 시의 영향력은 대단해서 금산과 남해를 대표하는 시로 애송되고 있다. 「남해 금산」은 1986년에 출간된 이성복의 시집 『남해 금산』의 제일 마지막에 실려 있는데, 실상은 이 시 한 편을 제외하고는 남해나 금산에 대한 내용이 없다는 것은 참 아이러니한 일이다. 재미있는 것은 이성복 시인은 경북 상주 출신이고, 금산은 경남 남해의 상주에 있다는 점이다.

한 여자 돌 속에 묻혀 있었네

그 여자 사랑에 나도 돌 속에 들어갔네

어느 여름 비 많이 오고

그 여자 울면서 돌 속에서 떠나갔네

떠나가는 그 여자 해와 달이 끌어 주었네

남해 금산 푸른 하늘가에 나 혼자 있네

남해 금산 푸른 바닷물 속에 나 혼자 잠기네

「남해 금산」

    남해에는 유난히 전설이 많다. 이 시도 그 전설을 바탕에 두고 창작된 것이다. 돌 속에 묻혀 있는 여자를 발견하고, 사랑하는 것은 모두 화자인 '나'의 생각에 의한 것이다. 신비로운 풍경과 전설이 한 여자에 대한 만남을 주선해 준 것이다.

    실제로 금산의 상사바위에는 사랑에 얽힌 전설이 전한다. 조선 숙종 때의 전라도 출신 머슴이 주인인 과수댁을 사모하여 병

▍보리암 관세음보살에게 소원을 비는 사람들 ▍

이 나는데, 이를 보다 못한 그녀는 금산에서 가장 웅대한 바위로 데려가서 회포를 풀게 해주었다는 내용이다. 「남해 금산」이 상사바위의 전설을 소재로 창작한 것인지는 알 수 없으나 '바위(돌)', '전설(혹은 환상)'이라는 점에서 유사점을 찾을 수 있다.

바위 위에 세워진 사찰인 보리암 인근에는 '태조 이성계 기도하신 곳'이 있다. 보리암은 원효대사가 관음보살의 진신을 친견하고 신라 신문왕 3년(983년)에 창건한 사찰이다. 당시의 산 이름은 보광산(普光山)이었으나, 태조 이성계가 후일 금산(錦山)으로 산 이름을 고치면서 절 이름도 보리암으로 바뀌었다고 전한다. 그 전설의 내용은 다음과 같다.

조선을 개국하기 전에 이 성계는 큰 뜻을 품고 전국의 명산을 찾아다니며 기도를 올렸는데, 보광산에 와보니 산수가 수려하고 그 영기(靈氣)가 뛰어나서 100일 기도를 올렸다. 100일째 되던 날 밤의 꿈에서 관세음보살에게서 금척(金尺)을 받고 조선왕조를 창업하는데, 이 모든 것이 보광산의 관세음보살에 의한 것이라고 여긴다. 그는 은혜를 갚기 위해 관세음보살이 계시는 보광산을 비단으로 둘러 싸드리고 싶었으나, 산을 비단으로 싼다는 것이 쉽지 않아 산 이름에 비단 금(錦)자를 넣어 금산(錦山)이라고 고쳤다고 한다.

셔틀버스를 타고 보리암을 올랐다면 다시 그 버스를 타고 내려와야 한다. 충분한 시간이 없기 때문이다. 그래서인지 보리암을 방문하는 사람들은 충분하게 금산을 구경하지 못하는 것은 물론이고, 보리암 자체도 꼼꼼하게 살펴볼 시간이 부족하다. 불교 신자라면 법당에 들어가서 몇 번 배를 올리기도 하고

주변 경치도 좀 감상을 해야 하는데, 버스 시간 때문에 다시 30
여분을 내려가야 하기 때문이다. 그래서인지 보리암을 다녀온
사람들 중에는 다시 시간이 날 때 보리암을 방문하겠다는 사람
들이 많다.

아쉬움을 뒤로 하고 금산을 내려오면 어느덧 해는 서산에 걸

| 남해를 내려다 보고 있는 보리암 |

려 있다. 남은 목적지는 서면에 위치해 있는 스포츠파크이다. 보리암이 남해에서도 남쪽 바다를 보고 있다면 서면은 남해에서 서쪽 바다에 닿아 있다. 그래서 보리암 입구에서 보자면 한참이나 더 서쪽에 위치해 있는 셈이다.

사실 서면에는 남해의 다른 지역에 비해서 문화 유적이 드문

| 문신수 문학비 |

곳이다. 이곳의 새로운 명소는 남해스포츠파크이다. 2002년 월드컵에 출전한 덴마크 축구팀의 훈련캠프였던 이곳은 현재 다양한 스포츠 공간으로 사용되고 있다. 이곳의 스포츠파크호텔 앞 조각공원에 문신수 문학비가 있다.

2003년 건립된 이 비석은 남해군과 문신수 선생이 오랫동안 회장을 맡았던 남해문학회에서 건립한 것이다. 문신수는 1961년 『자유문학』에 단편소설 「백타원」으로 신인상을 수상하면서 등단한 이래 다수의 동화와 수필을 창작하였다. 「백타원」은 일본에 징용으로 끌려갔다가 돌아온 필수라는 불구자의 생활을 그린 작품으로 현대사의 비극을 다룬 하근찬의 「수난이대」와 그 메시지가 닿아 있다.

특이한 것은 문신수문학비가 여타의 문학비와는 차이가 있다는 점이다. 일반적으로 문학비에는 주 장르와 연관된 호칭을 붙이거나 주요 작품을 소개하는 내용이 들어가 있다. 그런데 이 비석에는 '소설가 문신수 문학비'라는 일반적인 명칭 대신 '이웃 문신수 문학비'라는 명칭을 사용하고 있고, 전면에 새겨진 문구도 작품에 등장하는 것이 아니다.

'안에서는 오순도순 밖에서는 서글서글'은 평소에 문신수 선생이 자주 사용하던 표현으로, 교육자적인 가르침이 담긴 것이라고 알려져 있다. 안은 가정이고, 밖은 사회를 말함이니, 곧 가정에서는 가족들과 의좋고 단란하게 지내야 하고, 다른 사람들과는 상냥하고 너그럽게 베풀어야 한다는 내용이라고 할 수 있다. 그래서 선생은 작품을 통해 교육을 완성하는 사람으로 여겨지고 있다.

'그의 작품세계에 많은 영향을 미친 교직생활은 19세(1947

년)에 중현초등학교 교사를 시작으로 66세(1994)에 남해초등학교 교장으로 정년퇴임하기까지 그의 고향 남해 땅에서 일평생 후세 교육에 몸과 마음을 바친 이 시대의 참 스승이었다.'고 적힌 건립기를 마지막으로 보면서 남해의 일정을 모두 마쳤다. 어느덧 해가 지고 삽시간에 주변은 어두워졌다. 파도 소리도 서포 김만중도 남해 금산도 관세음보살도 모두 하나의 별이 되어 남해 바다에 천천히 떠올랐다.

7

청마문학의 혼이 깃든 곳, 통영·거제

1) 남망산공원에서 만나는 청마 유치환과 초정 김상옥
2) 우체국에서 쓰는 편지
3) 청마기념관과 묘소

남망산 공원에서 만나는 청마 유치환과 초정 김상옥

| 통영의 명물, 충무김밥 |

통영을 방문하는 사람들이 빼놓지 않는 관례가 충무김밥을 먹는 것이다. 물론 매번 방문하는 사람이 늘 이것을 먹지는 않겠지만 어쩌다가 방문을 하는 사람들에게는 '원조'를 경험할 수 있는 좋은 기회가 된다.

익히 알려진 대로 충무김밥은 어업을 생업으로 삼는 뱃사람들의 식사로 개발된 음식이다. 밥과 반찬을 따로 보관하여 보존성을 높이고 험한 뱃일을 하는 중에도 편안하게 먹을 수 있으니 일석이조인 셈이다.

올망졸망 조그만 김밥집들이 모여있는 곳에는 식사 시간이 되면 주인들이 나와서 손님을 이끈다. 몇 번이나 먹어보지만 아주 특별한 집은 없다. 대부분 비슷한 방식에 비슷한 메뉴이다. 물론 그 주 메뉴는 충무김밥이다. 주말이 되면 엄청난 수량을 주문받기에 한산할 것이라는 예상과는 다르게 분주하다.

충무김밥을 먹는 것이 통영 방문을 기념하는 통과의례라면 남망산공원을 오르는 것도 하나의 주요한 코스에 속한다. 산책의 목적도 있겠지만 통영 시내를 전체적으로 다 관망할 수 있기 때문이다. 공원으로 오르다 보면 우측으로는 조각 공원이 있다. 조금 더 오르면 삼거리 갈림길이 나오는데 길 우측에 청마 유치환의 「깃발」 시비가 있다.

　「깃발」은 청마의 대표작 가운데 한 편이고, 교과서에도 실려 있어서 비교적 익숙한 시이다. 남망산을 오르는 길목에 위치해 있으니, 만일 남망산을 열 번 오르내렸다면 최소한 열 번은 이 시비를 보게 되는 셈이다. 이러한 요지에 시비가 선 것만 보더라도 통영 사람들이 청마를 얼마나 아끼는가를 알 수 있다.

　조금 더 걸어서 정상으로 향하면 전망이 탁 트인 곳이 나오고 통영 바다가 한 눈에 보인다. 통영은 가히 문학의 고장이라고 해도 과언이 아닐 만큼 유명 작가들의 고향이자 창작의 배경지가 된 곳이다. 특히 통영 출신인 김춘수, 유치환, 박경리,

김상옥, 김용익 다섯 사람을 기리는 통영문학제가 2009년에 처음 개최되었다. 일찍이 정지용 시인은 통영을 방문한 후 「統營」이라는 수필에 그 수려함을 담았다.

통영과 한산도 일대의 풍경 자연미를 나는 문필로 묘사할 능력이 없다. 더욱이 한산섬을 중심으로 하여 한려수도 일대의 충무공 대소 전첩기를 이제 새삼스럽게 내가 기록해야 할 만치 문헌이 부족한 것도 아니다.

우리가 미륵도 미륵산 상봉에 올라 한려수도 일대를 부감할 때 특별히 통영포구와 한산도 일폭의 천연미는 다시 있을 수 없는 것이라 단언할 뿐이다.

통영 바다가 환히 내려다보이는 미륵산의 신선대에는 이 문구를 담은 문학비가 세워졌다. 신선대뿐만 아니라 남망산 중턱에서 바라보는 경치도 절경이다. 좌우로 통영의 진초록 바다가 보이고 고깃배가 물살을 하얗게 가르면서 지나간다.

이곳의 한편에 '초정 시비'라고 적힌 안내판이 서 있다. 청마의 시비야 워낙 눈에 잘 띄는 곳에 위치해 있어서 별도의 안내가 필요 없지만 초정의 시비는 조금 아래편에 위치해 있어서 안내판이 없다면 찾기가 어렵거나 놓치기 쉽다.

만일 누군가가 청마의 대표작이 무엇이냐고 묻는다면 그 대답이 쉽지 않을 것이다. 「깃발」 같기도 하고, 「행복」 같기도 하고, 「바위」 같기도 하다. 사람에 따라서는 다른 시를 말할지도 모르겠다.

그러나 초정 김상옥의 대표시가 무엇이냐고 묻는다면 그리

어렵지 않게 「봉선화」라고 대답할 수 있을 것 같다. 이것은 초정의 시세계가 좁아서 그런 것은 결코 아니다. 다만 「봉선화」가 그의 대표작으로 널리 알려져 있기 때문이다.

| 초정 김상옥 시비 |

비 오자 장독간에 봉선화 반만 벌어
해마다 피는 꽃을 나만 두고 볼 것인가
세세한 사연을 적어 누님께로 보내자

누님이 편지 보며 하마 울까 웃으실까
눈앞에 삼삼이는 고향집을 그리시고

손톱에 꽃물들이던 그날 생각하시리

양지에 마주 앉아 실로 찬찬 매어 주던
하얀 손가락 가락이 연붉은 그 손톱을
지금은 꿈속에 본 듯 힘줄만이 서누나

-「봉선화」

예전부터 봉선화는 우리 민족에게 매우 친근한 꽃이었다. 나이가 조금 있는 사람들은 여름날이면 색색의 봉선화 꽃잎을 떼어서 손톱에 꽃물을 들이던 추억을 많이 가지고 있다. 특히 홍난파 작곡, 김형준 작사의 '봉선화' 노래는 그 애절한 가락으로 인해 민족의 한을 대변하는 노래로 불리어 왔다. 초정의 이 시조에서도 시집을 가서 멀리 살고 있는 누님과 어린 시절에 대한 그리움이 애절하게 담겨 있다.

초정 시비는 여러 개로 분산되어 있다는 외형적 특징을 보여주고 있다. 「봉선화」 외에도 「어느 날」, 「굽 높은 제기」, 「백자부」, 「참파노의 노래」, 「느티나무의 말」, 「가을 하늘」, 「싸리꽃」의 작품이 바닥에 전시되어 있다. 즉 중앙의 봉선화를 중심으로 작품들이 분산되어 배치되어 있는 모양새이다.

찬서리 눈보라에 절개 외려 푸르르고,
바람이 절로 이는 소나무 굽은 가지,
이제 막 백학(白鶴) 한 쌍이 앉아 깃을 접는다.

드높은 부연 끝에 풍경(風磬) 소리 들리던 날

몹사리 기다리던 그린 임이 오셨을 제
꽃 아래 빚은 그 술을 여기 담아 오도다.

갸우숙 바위 틈에 불로초(不老草) 돋아나고,
채운(彩雲) 비껴 날고 시냇물도 흐르는데,
아직도 사슴 한 마리 숲을 뛰어드노다.

불 속에 구워 내도 얼음같이 하얀 살결
티 하나 내려와도 그대로 흠이 지다.
흙 속에 잃은 그 날은 이리 순박하도다.

-「백자부」

　「봉선화」외에 김상옥 시인의 정돈된 시조미를 엿볼 수 있는
작품이 바로 「백자부」이다. 이 시조는 백자의 순박한 아름다움

‖「백자부」시비‖

을 예찬하고 있는데, '정중동'이라는 표현이 어울릴 법한 시다. 각 연에서는 백자가 지닌 속성을 선비의 절개에 비유하거나, 그리운 님과 재회하거나 백자의 문양을 묘사하거나 하고 있다. 특히 마지막 연에서는 '불'과 '얼음'의 대립적 감각을 통하여 백자의 순박한 아름다움을 역설적으로 그려내고 있다는 평을 받는다.

청마와 초정의 시를 읊조리면서 남망산을 내려오면 시원한 바람이 바다로부터 위로 불어온다. 남망산 공원을 내려와 중앙시장을 지나 그 유명한 청마의 시 「행복」의 무대가 된 곳으로 발길을 옮긴다.

통영은 어디를 가나 바다가 지척에 있다. 중앙시장에서 가까운 곳에 통영중앙동우체국이 있다. 여기가 바로 많은 사람들의 사랑을 받는 청마의 대표적 애송시 「행복」의 창작 배경지이다. 이 시는 널리 알려진 대로 유치환과 시조 시인 이영도의 사랑을 소재로 하고 있다.

이 시가 적혀질 무렵이 1950년대 중반이고 보면, 1908년생인 청마의 나이는 어느덧 40대 중반이었고, 1916년생인 이영도 시인은 30대 후반이었다.

청마가 보낸 편지는 그의 사후인 1983년에 『사랑했으므로 幸福하였네라』라는 이름의 책으로 출간되었다. 책에 소개된 편지는 1952년 6월 26일부터 1966년 12월 31일에 끝난다. 청마가 1967년 2월에 타계한 것을 감안하면, 죽는 순간까지도 그들의 사랑은 지속되었던 것으로 짐작할 수 있다. 책 내용은 1946년에 12월 1일에 적은 청마의 시로 시작된다.

12월이 접어드는 추운 하늘 아래
먼 팔공산맥(八公山脈)이 소리 없이 돌아 앉은 거리

하룻날 표연(飄然)히
내 여기에 내린 뜻을 뉘가 아료.

벗과 만나 받는 술잔도 입에 쓰고
오직 한 마리 땅에 내린 새 모양
마음 자리 찾지 못하노니

내가 언제 그대를 사랑한다 하던?

그러나 얼굴을 부벼들고만 싶은 알뜰함이

아아 병(病)인양 오슬오슬 드는 지고.

-「丁香에게 주는 詩 (I)」

이것으로 미루어 보면 청마와 이영도는 20년 이상을 교류하였던 것으로 짐작할 수 있다. 그들이 만났을 때 이미 청마는 결혼을 하고 세 자녀를 둔 상태였고, 이영도 시인도 사별한 남편과의 사이에서 그녀와 스무 살 정도밖에 차이나지 않는 딸이 한 명 있었다.

청마는 1931 『문예월간』제 2호에서 「정적」을 발표하며 문단 활동을 시작하였고, 이영도는 1946년 대구에서 발간되던 동인지 《죽순(竹筍)》에 「제야(除夜)」, 「바위」를 발표하며 문단에 나왔다. 청마가 이영도 시인에게 보내는 위의 시가 창작된 시기는 그들이 같이 동인 활동을 할 무렵이었다.

청마는 이미 1937년부터 통영에서 교직생활을 해 왔으며, 1951년에는 이영도 시인이 재직 중이던 통영여자고등학교에 1년 동안 재직하게 된다. 청마와 이영도 시인은 생애의 말년을 부산에서 보내게 되는데, 통영과 대구, 부산이라는 지역적 연고를 가지며 서로 교류해 온 것으로 파악된다.

청마가 보낸 편지는 5천여 통으로 알려져 있으나 전쟁 무렵에 상당 부분이 유실된 것으로 알려져 있다. 이영도 시인이 답장으로 보낸 편지는 일반에게 알려져 있지 않고, 몇 편의 시로 그 마음을 미루어 짐작할 뿐이다. 다음은 청마가 보낸 편지 중 하나이다.

| 이영도 시인 |

사랑한 당신!

　오늘은 글이 있으려니 생각하고 아침부터 체부(*우체부)가 나타나길 창밖을 내다보며 기다렸더니 정오가 가까와서야 겨우 오고 생각한대로 당신 소식이 왔군요.

　사랑한 당신! 가만히 가슴이 아려 옵니다. 이 애달픈 한을 어느 하늘에다 풀겠습니까? 글발 위에 얼굴을 문질러 봅니다. 당신의 몸 향기가 스며 있겠고 또 그대로 당신의 아픈 마음의 피 묻은 파편(破片)이기도 하기에…….

　사랑한 당신! 이토록 안타까울수록 애정은 불순(不純)과 불신(不信)은 불허(不許)합니다.

　당신이 나의 생명이라고 해서 지나친 과장이요 헛된 수식일까요? 내 생명 안에 당신이 살고 당신의 목숨 속에 내가 살고 있는 것입니다. 이것이, 이 진실이 애달픔 앞에서 한갓 빈말과 무엇이 다르냐고 반박해서 그 반박에 답이 없어지고 말 것입니까?

　사랑한 당신! 하루도 보고 싶지 않을 때가 없는 당신! 오늘 신문에 한 사형수가 형장에서 하는 말에, 어찌해서 사람이 사랑해야 하는지를 모르겠다는 토로가 있더니, 정말로 어찌해서 나는 당신을 이렇게 사랑해야 하는 것입니까? 당신 곁에 있으면 내가 얼마나 자랑스러운지 압니까? 당신이 나의 사랑하는 사람이므로…….

　사랑하는 당신! 소식 기다렸겠지요. 안동서 오후 세시 40분발, 그 차를 타고 어젯 저녁에야 돌아왔습니다. 예정대로 16일 서울을 떠나 봉화로 가서 거기서 돌아설 때까지 주위에서 한시도 떠나 주지 않는 젊은 친구들 때문에 피로도 피로러니와 당신에게 소식 한장 전할 겨를조차 없음이 얼마나 내내 답답했는지 모릅니다. 사실 봉화엔 가도 가고 싶은 마음이 내키지 않았으나, 날씨 관계로 당신이 어쩌면 진주엘 며칠 늦게 떠나 돌아옴이 더딜지 몰라 당신에게로 가고 싶은 마음을(에) 키를 돌렸던 것입니다. 태백산(太白山) 연봉(連峰)의 준령(峻嶺)들에는 이미 강설(降雪)의 반백(半白)으로 먼 그리움이 더욱 추워 들었던 것입니다.

당신에게도 같(갔)겠지요만 접때 진해에서 찍은 사진이 왔는데 정말 소녀같이 귀여운 당신의 모습! 어찌 내가 사랑 않을 수가 있겠읍니까? 먼 후일 이 사진을 보는 사람은 기필코 가운데 앉은 이 여성이 이 영도 청마가 사랑하던 사람이라고 이야기하며 수긍할 것에 틀림없을 것입니다.

새해가 다가오니 글 청탁들이 밀려듭니다만 이렇게 마음과 몸이 정처를 잃어서야 어찌 한 줄인들 쓸 가망이 있겠읍니까? 아, 당신 곁에서 마음 놓고 내 사색에만 잠길 세월은 영영 없겠는지요?

오늘은 목요일! 더구나 馬의 소식이 떠서 아이들 앞에 서 있어도 당신 마음은 멀리 지향을 잃고 있겠군요. 사랑한 당신!

대구엔 25일 오후에 가서 26일 오후나 27일 아침 당신에게로 가겠읍니다. 당신이 이 글 받고 토요일 학교에 나가실 때 답 띄우면 그새 내가 한 번 더 당신의 글 받겠군요. 어찌해서 내가 이같이도 당신을 사랑하고 당신에게 관여하는지 나 자신도 딱 할만큼 모를 일입니다.

온돌(溫突)에서 지내게 하십시오.

11월 20일 당신의 靑馬 (1958년)

한때 청마와 이영도는 같은 학교에서 교편을 잡은 일도 있었지만, 오랫동안 편지는 그들에게 서로의 안부를 묻고 사랑을 전하는 긴요한 수단이었다. 서신들에서 청마가 이영도 시인을 부르는 칭호는 '사랑한 정운!, 사랑스런 정운!, 사랑한 당신!, 이렇게도 그리운 당신!, 애중한 당신!, 지애한 芸!, 지애한 당신!' 등의 표현이다. 또 다른 편지에서 청마는 '나의 목숨에서 쪼개 낼 수 없는 나의 당신! 이미 세상에 어떠한 힐난이 있다손 치더라도 우리의 애정을 가를 수는 없을 것입니다.' 라고 적고 있다.

온전히 이루어질 수 없는 사랑은 청마에게 큰 고통이었다. 시간이 생길 때마다 우체국을 방문하여 그 고통과 사랑의 마음을 편지에 담아 보내곤 하던 일상이 어느덧 시의 소재가 되었다. 사랑을 노래한 시라서 그런지 「행복」은 유치환의 다른 시

┃「행복」의 무대가 되었던 통영중앙동우체국 ┃

들과는 달리 매우 섬세하고 부드럽게 읽힌다.

　── 사랑하는 것은
사랑을 받느니보다 행복하나니라.
오늘도 나는
에메랄드 빛 하늘이 환히 내다뵈는
우체국 창문 앞에 와서 너에게 편지를 쓴다.

행길을 향한 문으로 숱한 사람들이
제각기 한 가지씩 족한 얼굴로 와선
총총히 우표를 사고 전보지를 받고
먼 고향으로 또는 그리운 사람께로
슬프고 즐겁고 다정한 사연들을 보내나니.

세상의 고달픈 바람결에 시달리고 나부끼어

더욱 더 의지삼고 피어 홍클어진
인정의 꽃밭에서
너와 나의 애틋한 연분도
한방울 연련한 양귀비꽃인지도 모른다.

　── 사랑하는 것은
사랑을 받느니보다 행복하나니라.
오늘도 나는 너에게 편지를 쓰나니
　── 그리운 이여, 그러면 안녕!

설령 이것이 이 세상 마지막 인사가 될지라도
사랑하였으므로 나는 진정 행복하였네라.
  -「행복」

이 시가 청마의 다른 시와 많은 차이를 드러내고 있는 이유는 감상적 연정을 노래해서일 것이다. 청마의 대표작으로 거론되는 「깃발」, 「바위」, 「생명의 서」 등에서는 강인하고 지사적인 면모의 화자가 등장한다. 그러나 「행복」은 사랑에 빠진 평범한 한 개인의 일상을 드러내 주고 있다. 이러한 '평범'과 '일상'이 많은 사람들이 「행복」을 사랑하게 된 연유가 아닌가 싶다.

마침내 행복은 이렇게 오더니라.
무량한 안식을 거느린 저녁의 손길이
집도 새도 나무도 온갖 것을
소리없이 포근히 껴안기며,

그리하여 그지없이 안온한 상냥스럼 위에
아슬한 조각달이 거리에 걸리고
등불이 오르고
교회당 종이 고요히 소리를 흩뿌리고.

그립고 애달픔에 꾸겨진 혼 하나
이제 어디메에 숨 지우고 있어도,

행복은 이렇게 오더니라, 귀를 막고.

그리고 외로운 사랑은

또한 그렇게 죽어 가더니라.

-「행복은 이렇게 오더니라」 9월 25일 靑馬

청마가 편지에 이 시를 적어 보낸 1952년은 그가 통영여고에 재직 중일 때였다. 청마의 시 중에서 연애 감정을 담은 몇 안 되는 시라고 할 수 있다. 아직 널리 알려지지는 않았지만 「행복」과 함께 청마의 사랑시로 불릴 수 있는 시다.

이 시기에는 거의 매일 편지 교류가 있었는데, 평범한 공간이었던 중앙동우체국이 명소로 거듭날 수 있었던 것은 이와 같은 청마의 흔적을 고스란히 간직하고 있기 때문일 것이다.

| 「행복」 시비 |

근래에 청마가 편지를 보낸 이곳의 명칭 변경 운동이 일어나고 있다. 현재의 명칭 대신 '청마우체국'으로 변경하자는 것인데, 청마의 친일 혐의 때문에 그동안은 추진에 어려움이 있었다. 그러다가 민족문제연구소와 친일인명사전편찬위원회가 발행한 『친일인명사전』에 청마의 이름이 포함되지 않으면서 재추진에 탄력을 받게 되었다.

우체국 정문에서 「행복」 시비가 있는 방면으로 조금 더 가면 시내 대로변에 청마의 흉상과 「향수」시비가 있다. 이렇듯 청마 흉상을 길가에 내세운 것은 중앙동우체국이 대로에서는 잘 보이지 않기 때문에, 「행복」의 흔적을 찾아 방문하는 길손들을 위한 배려로 보인다.

| 청마 유치환상과 「향수」 시비 |

그런데 「향수」라는 제목 자체는 '고향을 그리워한다.'는 내용이 담긴 것이 맞지만 시의 내용을 보면 그 양상은 다르다. 이 시를 노산의 「가고파」와 견주어 보자. 두 편 모두 바닷가 고향을 그리워하는 마음을 담았지만 노산의 「가고파」와 청마의 「향수」는 그 인식에서 차이가 난다. 「가고파」가 변함없이 그리운 고향을 노래하고 있다면, 청마의 고향은 타지에서 외롭게 '창량히 설한의 거리를 가도' 간절히 그립게 떠오르는 고향이 아니다.

나는 零落(영락)한 孤獨(고독)의 가마귀
창량히 설한의 거리를 가도
심사는 머언 고향의
푸른 하늘 새빨간 동백에 지치었어라

고향 사람들 나의 꿈을 비웃고
네 그를 증오하야 폐리같이 버리었나니
어찌 내 마음 독사 같지 못하야
그 불신한 미소와 인사를 꽃같이 그리는고

오오 나의 고향은 머언 남쪽 바닷가
반작이는 물결 아득히 수평에 조을고
창파에 씨친 조약돌 같은 색시의 마음은
갈매기 울음에 愁心(수심)져 있나니

희망은 떨어진 포케트로 흘러가고

내 黑奴(흑노)같이 병들어
異鄕의 치운 가로수 밑에 죽지 않으려나니
오오 저녁 산새처럼 찾어갈 고향길은 어디메뇨
-「향수」

'심사'는 '푸른 하늘 새빨간 동백'을 가진 바닷가 고향에 지
쳤다고 표현하고 있다. 고향은 언제나 그리운 법인데 청마가
고향에 지쳤다고 표현한 연유는 무엇인가. 그 다음 부분이 이
것을 잘 설명해 준다. '고향 사람들 나의 꿈을 비웃'었기 때문
이기도 하고 간혹 아는 체를 하더라도 '불신한 미소와 인사'가
있는 곳이기 때문이다.

그렇다면 무슨 연유로 청마는 고향사람들에게 이러한 불신
을 받게 되었을까. 청마에게 고향은 힘들면 찾아가고픈 고향
이 아니다. 그래서 '오오 저녁 산새처럼 찾어갈 고향길은 어디
메뇨'라고 마지막 행을 맺고 있다. 통영 시민에게나 청마에게
나 이 시는 별로 유쾌한 것이 되지 않는다.

물론 이 시에서 등장하는 바닷가 마을이 통영인지 거제도인
지도 분명하지 않다. 통영은 통영대로, 거제는 거제대로 당위
를 가지고 자기 고향 사람으로 당연시하고 있다. 그런 탓인지
통영에 '청마문학관'이 있고, 거제도 청마의 고향집 옆에는
'청마기념관'이 있다. 거제의 청마기념관은 사실 청마문학관
과 유사한 기능을 한다고 봐야 한다. 이름난 시인을 서로 챙기
는 것이 나쁠 것은 아니지만 문화적 이기주의가 아닌가 싶어
아쉬운 생각이 남는다.

청마기념관과 묘소

통영에서 길을 달려 거제도에 이른다. 거제도 둔덕면 방하리는 거제 시내에서도 조금 들어와야 하는 곳이다. 방하리에서 청마의 흔적을 찾기는 그리 어렵지 않다. 생가터와 기념관, 시비와 조형물이 모두 한 자리에 모여 있기 때문이다.

한때 통영과 거제에서 청마의 고향에 대한 논란이 있었다. 결과적으로 청마의 고향에 대한 정통성 시비는 통영이 우세한 쪽으로 일단락이 되었다. 그러나 명확하게 '고향'을 단정 짓기란 쉽지 않아 보인다. 거제에는 생가터가 있고, 부모님과 자신의 묘가 있기 때문이다.

통영의 청마문학관이 오르막길 위에 지어진 것이라면 거제의 청마기념관은 평지에 건립되었다. 앞에서도 밝힌 바 있지만 두 곳의 기능은 크게 차이가 나지 않는다. 다만 통영이 먼저

| 생가터 옆의 청마기념관 |

문학관 명칭을 사용했기에, 어쩔 수 없이 기념관 명칭을 사용하는 것뿐이다.

청마문학관 홈페이지에는 청마가 1908년 7월 14일(음력) 경남 통영시 태평동 552번지에서 출생한 것으로 기록되어 있고, 청마기념관 관련 홈페이지에는 출생지를 거제시 둔덕면 방하리 505-1번지로 되어 있다. 청마의 고향에 대한 논의는 일단락되었지만 여전히 논란의 가능성은 남아 있는 셈이다.

청마 기념관 앞에는 시비와 전신상이 있다. 「거제도 둔덕골」, 「출생기」, 「행복」등이 복합적으로 조형되어 있다

문학관 바로 옆이 청마의 생가터이다. 생가터에는 마치 실제로 사람이 사는 것처럼 자연스럽게 조성을 해 두었다. 그 시절의 어느 농촌의 주택과 다르지 않은 모습을 하고 있는데, 이채

┃ 청마기념관 앞의 시비와 전신상 ┃

로운 것은 청마의 부모님 사진과 청마 가족의 어린 시절 사진
등이 담긴 액자가 방문 입구에 걸려 있다는 점이었다. 마치 실
제와 같이 꾸며져 있는 관계로 마치 안방에 있는 누군가가 방
문객들에게 문을 열어줄 것 같은 분위기였다.

| 청마의 생가터 |

　　발길을 마지막 목표지인 청마 묘비로 돌렸다. 청마기념관과
묘비는 그렇게 많이 떨어져 있지는 않았지만 대략적인 설명을
듣고 가는 길인데도, 몇 번이나 헤매다가 길을 물어서 가야 했
다. 마침내 도착한 묘비 입구에는 시비들이 연립해 있었다.
　　청마는 1967년 1월에 부산문인협회 회장과 부산예총 회장에
당선되었으나 2월 13일 밤에 교통사고를 당하여 병원으로 이

송 도중 사망한 것으로 알려졌다. 처음에는 부산시 사하구 하
단동 승학산에 묘를 세웠으나 이후 양산시 백운공원 묘지로 이
장하였다가 다시 현재의 장소로 이장하였다.

청마 묘비 입구의 공터에는 청마의 대표작들이 각기 다른 모
습으로 시비로 조성되어 있다. 「행복」, 「바위」, 「낮달」, 「울릉
도」, 「동백꽃」, 「깃발」, 「춘신」 등 대부분 우리에게 낯익은 작
품들인데, 「행복」의 경우 통영 중앙동우체국 앞에도 시비로 조
성되어 있고, 청마기념관 앞에도 자필 모양으로 시비가 세워져
있다.

청마의 묘지 앞에서읽는 「행복」의 느낌은 사뭇 달랐다. 동일
한 작품인데도 이렇게 다른 모양, 다른 위치에 시비가 놓이면
그 느낌에 차이가 생길 수 있다는 점이 놀라웠다. 이것은 시비
가 시인을 기리는 대표적인 상징물이라는 점을 감안해 보면 그
외형과 위치에 따라 후대인에게 시의 감동에 영향을 줄 수 있

| 청마묘소 앞의 시비들 |

다는 뜻이리라.

「행복」외에 시비의 여러 작품 중에서 유독 눈길을 끄는 것은
바로 「바위」이다.

내 죽으면 한 개 바위가 되리라.
아예 애린(愛隣)에 물들지 않고
희로(喜怒)에 움직이지 않고
비와 바람에 깎이는 대로
억년(億年) 비정(非情)의 함묵(緘?)에
안으로 안으로만 채찍질하여
드디어 생명도 망각하고
흐르는 구름
머언 원뢰(遠雷)
꿈 꾸어도 노래하지 않고
두 쪽으로 깨뜨려져도
소리하지 않는 바위가 되리라.

-「바위」

청마의 강인한 집념을 엿볼 수 있는 시이다. 「행복」에서 받
은 감성적인 느낌과는 많이 차이를 보인다. 죽어서 무엇이 되
겠다는 것은 곧 현실적으로 이룩할 수 없다는 것, 그러나 체념
할 수 없는 어떤 집념의 연장인 것이다. '산천초목 실개불성
(山川草木 悉皆佛性)'이라는 불가의 사상처럼 시인은 생명 없
는 것에 생명을 부여하고 있다.

청마의 시에는 특별한 기교가 없는 것이 대부분이다. 시에서

의 화자가 곧 시인 자신의 경우가 많다. 「바위」나 「깃발」에서 강한 호소력을 느끼게 되는 이유도 여기에 있다.

통영과 거제를 내딛은 그 마지막 발길은 이제 청마의 묘지로 향한다. 어느덧 저녁 해는 서산으로 기울어 붉은 기운이 하늘에 가득하다. 청마의 묘지에는 비석이 두 개가 있다. 두 비는 똑같이 '시인 青馬 柳致環의 무덤'이라고 새겨져 있다. 정면에서 보았을 때 좌측의 것은 조금 작고 오래된 흔적이 보이는 것이고, 우측의 것은 크고 새것이다. 1981년 부산에서, 그리고 1997년 양산시 백운묘지에서 이장했다는 기록이 새 비석에 새겨져 있다.

| 「바위」 시비 |

잠시 저녁놀을 바라보면서 청마의 무덤 곁에 앉았다. 시인은 가고 이제 그의 시만 기억 속에 남았다. 우체국에서 '전보지를 받거나 슬프고 즐겁고 다정한 사연들을' 우편으로 보내는 일들이 점점 사라지더라도, 청마의 시들은 사람들의 입에서 입으로 회자되면서 오래 그를 기릴 것이다.

| 청마 유치환의 무덤 |

8

하동포구에 자리한 문학수도, 하동

하동 1번지 화개장터

하동은 차와 문학의 고장이고 지리산의 관문 중 하나이다. 청학동과 쌍계사가 있고, 최참판댁이 있는 곳이다. 경상도 지방에서 지리산에 가려면 이곳을 지나치지 않을 수 없다. 그 교류의 정점에 있는 것이 화개장터이다.

지금의 장터는 이전과 비교해서 위치나 규모가 크게 달라졌

| 화개장터 노래비 |

다. 이전의 장터는 버스 정류장 인근의 조그만 재래장이었으나 지금은 상설장으로 바뀌었고 규모도 대형화되었다. 이처럼 화개장터가 성장하고 외부에 많이 알려진 것은 무엇보다도 가수 조영남 씨가 부른 노래「화개장터」의 영향이 컸다. 화개장터 노래는 1988년에 발표되었는데 작사와 작곡이 가수 조영남 본인으로 되어 있다.

그러나 조영남 씨는 한 방송에서 실제 작사가는 소설가 김한길 씨라고 밝힌 바 있다. 평소에 조영남과 절친한 사이였던 김한길 당시 국회의원이 경상도와 전라도의 지역감정을 해소하고 서로 화합하는 노래를 만들어야 한다며 노랫말을 만들어 주었다. 조영남은 이 가사를 바탕으로 '화개장터'를 만들었고, 저작권자 등록 시에 작사·작곡을 본인으로 기입했다고 한다.

노래비 뒷면에는 삼한시대부터 화개관이라 불리며 장터 구실을 했고, 1726년에 번성기를 맞아 전국적으로 손꼽히는 시장이 되었으나 이후 쇠퇴하기 시작하였다고 적고 있다. 그것을 1997년부터 4년 동안 복원하여 현재에 이르고 있다고 한다.

화개장터의 명물은 노래비 외에 김동리 소설「역마」조형물이 있다. 역마의 주요 장면을 여러 개의 직사각형 기둥에 묘사하고 간단한 장면 설명을 곁들이고 있다. 불특정 다수의 사람들이 모이는 시장의 특성을 고려하여 이미지를 사용한 예라고 할 수 있다.

조형물 중앙에는 작가와 작품을 소개하는 책 모양의 자그마한 원형 조형물이 있는데, 여기에서「역마」에 표현된 화개장터를 설명하고 있다.

| 김동리 소설 「역마」 조형물 |

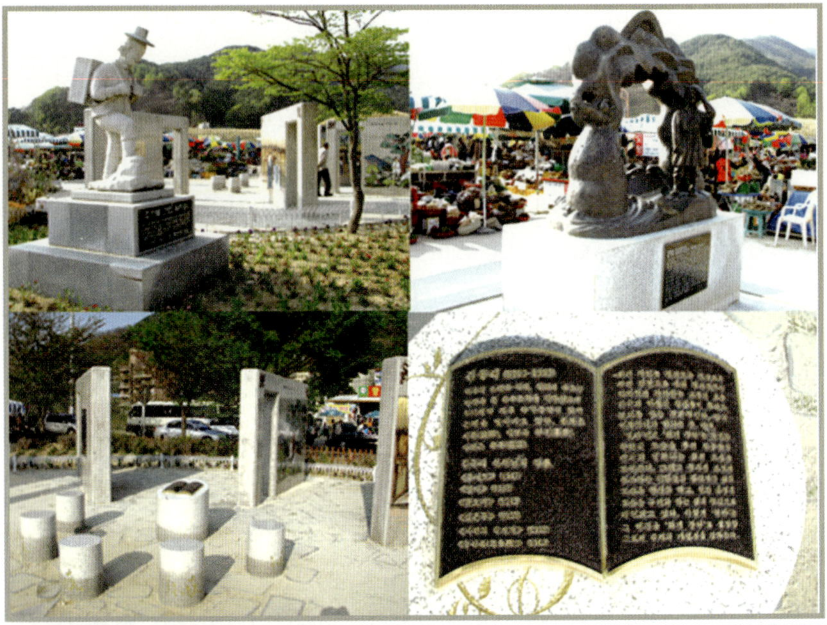

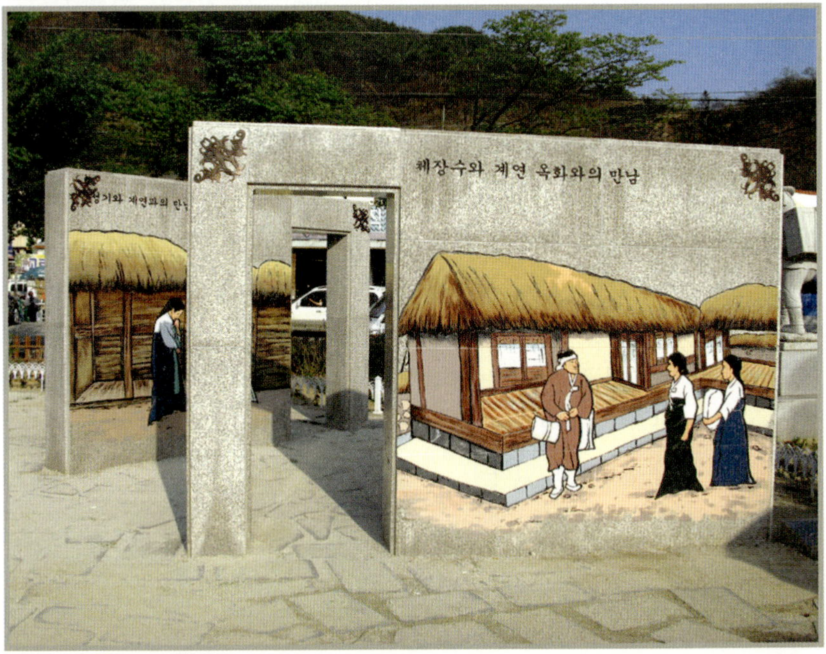

'역마'에서 '화개장터'는 활기찬 장터의 모습을 통해 민중들의 생기가 넘쳐나는 삶의 모습을 보여준다. 그리고 동시에 소설에 등장하는 인물들의 불안정한 삶의 모습을 형상화 하고, 인간 운명의 모습을 구체화 하는 삶의 공간으로 재현되고 있다.

원래「역마」조형물은 지금과 다른 형상이었으나 2009년 봄에 주요 조형물을 제외하고는 다시 설치하였다. 작품의 무대가 된 시끌벅적한 장터 풍경 속에서「역마」의 한 장면 한 장면을 다시 살펴보는 것은 특별한 느낌으로 다가온다.

시의 언덕과 오룡정에서 만난 「하동포구」

시의 언덕은 갈마산에 위치한 하동공원에 위치해 있다. 나지막한 언덕길을 오르면 좌측으로 섬호정이 보이고 그 입구에서 제일 먼저 정공채 시인의 「燦不二河東歌(찬불이하동가)」를 볼 수 있다.

하동군은 2006년 하반기에 문학공원추진위원회를 만들어 문학공원 사업을 시작한지 2년 만인 2008년 봄에 그 성과를 보았다. 문학공원 사업은 근현대의 대표 작가인 서산대사, 정여창, 정종수, 남대우, 정공채 등 5명의 시비 건립이 중심이 되었다.

이 시의 제목이 표현해 주는 것처럼 섬호정 문학공원 시의 언덕에 있는 시는 하동과 연관된 것들이다. 하동을 소재로 한 시와 소설, 그리고 하동 출신 작가들의 작품 5개가 시비로 조성되어 있다. 앞으로도 지속적으로 시비 건립을 추진하여 '시의 언덕'이라는 이름에 걸맞은 문학공원으로 조성한다는 계획을 가지고 있다. 마산 산호공원에 '詩의 거리', 3·15 민주묘지의 '詩가 있는 길'과 연관된 대표적인 시의 공간이 될 예정이다.

하동군은 2009년에는 '문학수도 하동' 상표를 출원했고, '2009 토지문학제' 기간에는 '문학수도 하동' 선포식을 가졌다. 2008년에 마산시가 '詩의 도시' 선포식을 가진 것과 연관해 보면 문학이 하동의 소중한 문화적 자산이라는 것을 잘 대변해 준다.

현재 시의 언덕에 있는 문학비는 「河東浦口」(남대우), 「보슬비」(남대우), 「燦不二河東歌(찬불이하동가)」(정공채), 「제3작품집」(정종수), 「蟾津江(섬진강)」(정여창), 「茶詩」(서산대사) 등의 여섯 개다.

이중에서 가장 눈길을 끄는 작품은 남대우의 「河東浦口」이다. 남대우(南大祐)(1913~1948) 시인은 하동읍에서 태어나 1934년

섬호정과 문학비
① 섬호정 ②하동포구(앞) ③하동포구(뒤)
④茶詩 ⑤찬불이하동가
⑥보슬비 ⑦섬진강 ⑧제 3 작품집

동아일보 신춘현상문예(현재의 신춘문예)에 문예 동화 「쥐와 고양이」가 당선되면서 아동문학가로 활동하였다. 하동공립보통학교 교사로 재직하였는데, 36세(1948년)의 젊은 나이로 요절하였다.

「하동포구」 비석은 시의 언덕과 섬진강변 오룡정 공원에 각각 있는데, 오룡정의 것이 섬진강을 곁에 두고 있어 더 생생한 느낌으로 읽힌다.

하동포구 팔십리는 화개장터에서 시작한 물길이 남해에 이르는 물길을 가리킨다. 예전에 화개장터가 성할 때 하동포구가 주요한 교통로였음을 알 수 있는데, 섬진강변의 '河東浦口八十里花開장터'라는 비석이 이를 잘 설명해주고 있다.

밀양 손씨 집안에서 건립한 '五龍亭遺址碑' 맞은편 오룡정 공원의 '河東浦口노래碑' 지은이 표기에는 '南大祐 詞'라고 적혀 있다. 원작시를 바탕으로 노랫말이 된 셈이다.

河東浦口 八十里에 물새가울고
河東浦口 八十里에 달이뜹니다
蟾湖亭 댓돌우에 詩를쓰는 사람은
어느故鄕 떠나온 風流浪인고

河東浦口 八十里의 굽도리배야
河東浦口 八十里에 봄을실어라
白沙場 모래우에 남어있는 글짜는
꽃바람에 쓸리는 忠誠忠字요

河東浦口 八十里의 물결이고야

河東浦口 八十里의 人情이곱소

雙磎寺 種소리를 들어보면 알게요

개나리도 정답게 피여줍니다

시의 언덕에 있는 비석도 동일하지만 표기에 있어서 조금 차
이가 있다. 오룡정 공원의 것이 노랫말의 성격이 강하다면, 시의
언덕에 있는 것은 원작시의 표기를 따랐다. 다만 앞면의 것은 원

문을 따랐고, 뒷면의 것은 모두 한글로 바꾸어 놓았다.

(앞면)

河東浦口八十里에 / 물새가울고 / 河東浦口八十里에
달이뜹니다 / 蟾湖亭댓돌우에 / 詩를쓰는사람은
어느故鄕떠나온 / 風流浪인고

(뒷면)

하동포구팔십리에 / 굽도리배야
하동포구팔십리에 / 백사장모래우에
남어있는글짜는 / 꽃바람쓸리는 / 충성충자요

하동포구팔십리의 / 물결이고아
하동포구팔십리의 / 인정이곱소

| 오룡정 공원에서 본 섬진강 |

쌍계사종소리를 / 들어보면알께요
개나리도정답게 / 피어줍니다

옛날에는 장사꾼들로 흥성거렸을 포구에는 이제 그 흔적만 남았다. 유난히 길게 이어진 섬진강변의 고운 백사장 모래 위에서 시인 남대우는 충무공의 흔적을 발견한다.

나라에 대한 '충성'을 노래한 남대우의 노래비와 '충무공 이순신 백의종군 행로지' 비석이 강변에 나란히 서 있는 것이 우연만은 아닐 것이다. 물길은 화개장터에서 비롯하여 굽이굽이 전라도와 경상도를 가로지르며 팔십리를 흘러가다가 노량 앞바다로 이어진다.

충무공 행로비 옆에는 '太陽에 바래지면 歷史가 되고 月光에 물들면 神話가 된다'는 소설 「山河」의 한 구절이 적힌 이병주의 문학비가 서 있다. 하동포구팔십리도 이제 역사가 된 지 오래 되었고, 새로운 신화를 기다리며 굽이굽이 흘러갈 것이다.

평사리에서 만나는 문학의 흔적

얼마 전까지 하동을 방문하면서 자주 느꼈던 생각은 이곳이 최종목적지가 아니라 경유지라는 점이었다. 하동은 다른 지역보다 지명도가 높은 장소가 많은 곳도 아니고, 이름난 관광지가 있는 곳도 아니다. 지리산과 인접한 곳이라서 지리산을 찾는 사람들이 경유해 가는 곳으로만 여겼다면 너무 하동에 대한 인식이 부족한 것이었을까.

| 최참판댁 오르는 길 |

지리산은 전라도의 남원시, 구례군과 경상도의 산청군, 하동군, 함양군에 걸쳐 있다. 각각의 등산로들의 최종 목적지는 1916.77m 높이의 지리산 천왕봉 정상으로 이어진다. 이중에서 사람들이 가장 많이 찾는 곳이 쌍계사 코스로 불리는 하동 경유 코스이다. 이곳은 오래 전부터 화개장터에서 녹차시배지로 이어지는 십리벚꽃길로 알려졌다. 또한 청학동과 삼성궁 등도 인근에 있어서 하동을 경유하는 관광객들의 발길이 잦다.

그러나 근래에는 지리산과 십리벚꽃길 외에 가장 주목을 받는 공간이 바로 최참판댁과 평사리공원으로 이어지는 문학공간이다.

'최참판댁'은 박경리의 소설 「토지」의 무대가 되었던 악양면 평사리에 자리 잡고 있으며, SBS 드라마 「토지」의 주 촬영지였다. 최참판댁은 안채, 사랑채, 별당채 등 한옥 14동과 평사리문학관, 토지 세트장 64동으로 구성되어 있다.

잘 알려진 대로 「토지」는 한국문학의 기념비적인 작품으로 일컬어지는데, 19세기 말부터 해방까지를 시대적 배경으로 삼고 있다. 1969년에 집필을 시작해서 1994년에 완간되었고, 완간 10주년을 기념해서 제작된 것이 SBS의 드라마 「토지」이다.

박경리는 1926년 통영에서 태어나 진주 여자고등학교를 졸업하였다. 김동리의 추천으로 1955년에 「계산(計算)」을, 1956년에 「흑흑백백(黑黑白白)」을 《현대문학》에 발표함으로써 문단 생활을 시작했다. 하동은 출생지 통영과 멀지 않고, 여고시절을 보낸 진주와는 이웃해 있다. 그래서 「김약국의 딸들」의 배경이 통영이 된 것처럼, 하동이 그의 소설의 배경이 된 것은 자연스러운 일이다.

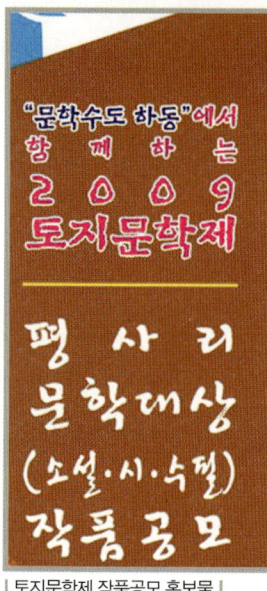

● 대하소설 土地의 무대인 하동군 악양면 평사리 최참판 댁에서 매년 10월이면 토지문학제를 개최합니다.

● 전국 으뜸 문학제로서의 위상을 높이고, 소설 토지의 문학사적 위상을 기념하며, 토지의 배경인 하동군 악양면 평사리를 문학의 메카로 자리매김하기 위하여 평사리문학대상을 공모합니다.

● 역량있는 신인과 능력 있는 기성작가들의 많은 응모 바랍니다.

∷공모부문 소설 1편 (중·단편 중 1편)
　　　　　　시(5편 이상), 수필(3편 이상)
　• 소설부문 – 단편 : 200자원고지 100장 내외
　　　　　　　　중편 : 200자원고지 200장 내외
　• 반드시 응모작품 요약서 《A4용지 1매 내외》 첨부

∷작품내용 미발표된 순수창작 작품이어야 함.
　• 표절, 모방 또는 중복 응모한 사실이 확인될 경우 입상을 취소합니다.

∷시상내역
　• 소설 – 상패 및 시상금 1천만원 / 시·수필 – 상패 및 시상금 5백만원

∷공모기간 2009년 9월 10일한 ※ 마감당일 소인 유효함

| 토지문학제 작품공모 홍보물 |

　하동군 주최로 매년 10월에 개최되는 토지문학제 기간에는 엄청난 인파가 평사리를 찾는다. 하동군은 하동을 '문학수도'로 명명하고, 새로운 하동 이미지 부여를 위한 노력을 기울이고 있다. 최참판댁 입구에서 제일 먼저 방문객을 맞는 것은 「토지」의 주인공 서희와 길상의 캐릭터이다. 하동군의 캐릭터는 따로 있지만, 그 보다도 이 두 인물이 먼저 떠오른다.

상상하기 힘든 엄청난 분량의 집필에 대해 박경리는 그의 시집 『못 떠나는 배』(1988년)의 '自字'에서 이렇게 밝히고 있다.

생각해 보면 20년 가까이 한 작품에 매달려 오늘 이 지점에까지 왔는데, 20년 가까운 세월의 의미를 모르겠고 〈土地〉는 내게 있어 무엇이었을까. 과연 앞으로 헤쳐 나갈 힘은? 남아 있는 걸까. 새삼스런 자문은 아니다. 좌절 하고 절망하는 것도 새삼스런 일은 아니다. (중략) 〈土地〉 1,2,3부를 쓰는 동안 그것과의 싸움에 절반의 힘을 소모한 것은 사실이다. 그러나 4

부를 시작하면서 나는 사명이라는 동아줄에 묶이고 말았다. 그 동아줄은 전신을 칭칭 감았고 날로 강하게 나를 죄었다. 4부의 시간이며 무대인 1930년에서 45년까지, 철저히 봉쇄되고 바닥까지 수탈당했으며 모든 것이 말살되었던 일제침략의 말기를 살았던 마지막 세대인 나, 작가라는 멍에를 짊어진 나는 어떻게 할 것인가. 뭔가에 의해 쫓기는 기분이었다. 강박이었고 초조, 불안이었다.

소설가로만 알려져 있던 작가에게 시집의 출간은 이례적인 일이었다. 그런데 정작 시집에서 시 이야기는 별로 하지 않고 「토지」이야기를 하고 있다. 작가에게 토지는 문학의 중심 화두였으며, 시집의 출간은 '내 고질에 대한 처방'이나 '용기' 정도로 표현되고 있다. '상처받은 짐승이 굴속에 웅크리고 앉아서 상처 아물기를 기다리는 것처럼' 쓴 시는 모두 41편이다.

| 최참판댁에서 본 평사리 들판 |

    제일 처음에 등장하는 시가 바로 중국의 역사가 사마천을 소
재로 한「司馬 遷」이다.

    그대는 사랑의 記憶도 없을 것이다
    긴 낮 긴 밤을
    멀미같이 時間을 앓았을 것이다
    天刑 때문에 홀로 앉아
    글을 썼던 사람
    肉體를 去勢 당하고
    人生을 去勢 당하고
    엉덩이 하나 놓을 자리 의지하며
    그대는 眞實을 기록하려 했는가

소설가의 시를 읽는 것은 매우 특별한 일이다. 이 시집의 출간이 「토지」와 연관이 있고, 집필의 휴지기에 시들이 창작된 것이니만큼 자전적인 성향이 강하다.

사마천은 뛰어난 역사가였으나 훗날 『사기(史記)』의 저술과 연관하여 황제인 무제의 노여움으로 그의 나이 48세 되던 해에 궁형을 받게 된다. 감옥에 갇히는 등 여러 어려움 속에서도 집필을 멈추지 않고 마침내 『사기(史記)』를 완성한다.

젊은 나이에 남편을 사별하고 집필에 몰두했던 자신과 사마천은 모두 천형(天刑)을 가지고 있다. 그 누가 벌하지 않았지만 스스로 고통 속에서 벌을 받듯이 한 사람은 역사를 기록하고, 또 한 사람은 묵묵히 「토지」를 집필했다. 사마천을 육체와 인생이 모두 거세당한 인물로 보았음에도, 시집의 첫 작품으로 올린 것은 의미하는 바가 크다.

최참판댁에서 나오면 바로 드넓은 평사리 들판이 나오고, 길게 이어진 섬진강변에 평사리 공원이 있다. '평사리공원' 이라 적힌 빗돌 옆에는 하동군에서 건립한 서희와 길상의 캐릭터 빗돌이 손님들을 반기고, 그 옆에 「섬진강(蟾津江) 탄곡(嘆曲)」, 「想思의 내 河東」, 「섬진강(蟾津江)」 노래비가 서 있다.

1920 30년대 일제치하 암울했던 시절 나라 빼앗긴 서러움과 분노를 달래기 위해 예항 하동의 문학동인 선배님들이 격정과 탄식으로 작사 작곡했던 노래가 상사의 내하동, 섬진강 탄곡 섬진강 등등 수많은 곡들이 있다. 그러나 세월이 흐름에 점차 잊혀져 가는 것을 안타까이 여겨 1985년 필자가 채보하여 당시 문화공보부 허가를 받아 음반으로 세상에 알렸으며 또 후세들에게 길이 남기기 위하여 섬진강변 이곳 평사리에 이 노

래비를 세운다.

　세 노래비의 가사를 찬찬히 살펴보니 '섬진강'과 '님', '돛'
이 자주 등장하고 있다. 대중가사의 노래가 으레 그러하듯이
이별의 슬픔이 담긴 노래다. 「섬진강(蟾津江) 탄곡(嘆曲)」의
가사를 살펴보자.

「섬진강(蟾津江) 탄곡(嘆曲)」 노래비

　　아 바람품은 돛밑에 쓰러진 몸이
　　헤어가신 옛님의 追憶을 품고
　　섬진강 따라서 흘러가려마

아 이몸 둘곳 어디냐 흘러가련다
아 울어볼까 웃어라 울어도 보자
期約없는 나그네 追憶을 품고
蟾津江물 따라서 흘러가련다
아 슬픔속에 쓰러져 흘러가련다

아 조각배야 흘러라 사랑을 안고
헤어가신 옛님의 追憶을 품고
蟾津江물 따라서 흘러가련다
아 꿈길속에 헤매며 흘러가련다

-김태수 작사, 김영숙 작곡, 이승용 노래

일제시대부터 불려진 노래들에는 애환이 많다. 민족의 슬픈 운명을 노래에 담았기 때문이다. 섬진강에서 탄식을 한다는 제목에서 읽어버린 나라의 주권에 대한 암시를 어렵지 않게 읽을 수 있다.

'쓰러진 몸'의 '나그네'가 그토록 기다린 사랑이 무엇이길래 섬진강 물을 따라서 '슬픔 속에', '꿈길 속에' 흘러간다고 노래한 것일까. 고개를 들어 바라보면 저 멀리 아스라이 팔십리 물길과 고운 모래가 전설처럼 끝없이 이어지고 있다.

9

지리산에 깃든 문학,
산청 · 함양 · 거창

1) 빨치산토벌전시관에서 만난 현대사
2) 천상병과 「귀천」

빨치산토벌전시관에서 만난 현대사

중산리는 지리산의 정상 천왕봉으로 향하는 가장 단거리 코스이다. 그래서인지 당일 천왕봉을 오르려고 하는 사람들이 연일 붐비는 곳이 중산리 버스 정류장이다. 2002년에 건립된 지리산 빨치산 토벌전시관은 이 버스정류장 바로 좌측에 위치해 있다.

가장 먼저 눈에 띄는 것은 전시관의 담장 외벽의 청동 조각이다. 좌측에는 철조망을 사이에 두고 서로 대치하는 남과 북이, 우측에는 이런 분단에서 벗어나 통일된 조국의 평화와 번

| 빨치산 토벌전시관 외벽의 조각 |

영을 상징하는 내용이 묘사되어 있다.

　전시관 입구에 들어서면 가장 먼저 탱크와 각종 동상이 눈에 들어온다. 동상은 전쟁으로 인한 대치와 고통을 담고 있는데, 토벌군으로 참가했다가 전사한 권영도 경위의 흉상도 한편에 서 있다. 흉상 옆의 비석에는 '그는 동족상잔이라는 비극적 역사를 안고 다시는 돌아오지 못할 곳으로 들꽃처럼 산화하여 겨레의 넋이 되었다.' 라고 적혀 있다. 기존에 있던 이런 부류의 전시관이 전하는 메시지는 일관되게 '반공사상' 이었으나 이

| 전시관의 모형물 (상 : 빨치산, 하 : 토벌대)|

비문에서는 민족의 비극적 역사를 상기시킬 뿐이다.

빨치산과 관련되어 시대의 변화를 일반에게 알린 것은 1990년 정지영 감독의 영화 「남부군」에서였다. 이 영화에서는 빨치산도 하나의 인간으로 다루고 있으며, 그들의 고뇌와 사랑 등을 사실적으로 묘사하고 있다. 빨치산 출신이었던 이태의 수기를 영화로 제작한 것으로 안성기, 최진실 등 당대의 인기 배우들이 출연했던 이 영화는 지금까지도 빨치산 소재 영화의 수작으로 평을 받고 있다.

이미 전쟁 직후에 이강천 감독이 빨치산 소재 영화 「피아골」(1955년)에서 빨치산의 인간적인 면모를 다룬 바가 있다. 그러나 이것은 예외적인 사항으로 오랫동안 반공은 국가의 이념이나 정책이 되었던 것이 사실이다.

전시관 중앙에는 통일을 주제로 한 시비가 연립하여 서 있다. 「봄은」(신동엽), 「우리의 소원」(안석주), 「강강수월래」(나해철)가 그것인데, 토벌전시관에 있는 작품으로 보기에는 이념적 수위가 낮은 시들이다. 「우리의 소원」은 남북이 공통으로 부르는 노래이고, 「강강수월래」나 「봄은」도 '적을 무찌르는' 시와는 거리가 먼 작품이다.

이러한 시대의 변화는 시비의 발문에 해당하는 제일 우측의 비문에서도 발견할 수 있다.

민족의 아픔 다시는 이러한 / 비극이 되풀이 되지 않기를 // 한민족이면서도 / 서로 총칼을 겨누는 분단의 역사 속에서 / 지리산은 지울 수 없는 상처의 현장이며 / 그 상처의 깊이만큼 잊어서는 안 되는 / 전적지이다 // 또 다른 전쟁이었던 이념의 대립 / 그로 인한 엄청난 희생 // 빨치산 / 그들이 지향한 이념과 민족적 의미는 / 과연 무엇이었나? // 불행한 역사 속에서 비운에 / 쓰러져 간 군경과 양민들의 죽음 // 더 이상의 비극이 되풀이 되지 않기를 / 소망하며 // 참혹한 전쟁의 교훈을 다음 세대에게 / 전하는 역사의 장을 연다

| 전시관 중앙의 시비 |

이 비문에서도 비교적 중립적인 입장을 취하고 있으며, 한 민족이면서도 서로 총칼을 겨누는 분단의 역사에 대한 안타까움을 표현하고 있다. 세 시비 중 첫 번째로 위치한 신동엽 시인의 「봄은」에서는 역사의 아픔을 이기고 맞이하는 '봄' 에 대해서 이야기 하고 있다.

봄은
남해에서도 북녘에서도
오지 않는다.

너그럽고

빛나는
봄의 그 눈짓은
제주에서 두만까지
우리가 디딘
아름다운 논밭에서 움튼다

겨울은
바다와 대륙 밖에서
그 매운 눈보라 몰고 왔지만
이제 올
너그러운 봄은 삼천리 마을마다
우리들 가슴 속에서
움트리라

움터서
강산을 덮은 그 미움의 쇠붙이들
눈 녹이듯 흐물흐물
녹여버리겠지

-신동엽,「봄은」

　이 시가 발표된 1960년대 말은 군부의 집권과 독재 시기였다. 이 시에서는 외부에서 시작된 '겨울'(분단, 전쟁, 대립, 군부독재 등)을 극복할 힘은 '우리들 가슴 속'에 있으며, '제주에서 두만까지' 통일된 조국일 때 비로소 봄이 온다고 말하고 있다.

이러한 우회적인 통일에 대한 염원은 북한을 적으로 규정하고 전쟁 체험을 노래한 일부의 시와는 상당한 입장 차이를 보이고 있다. 가령 모윤숙의 「국군은 죽어서 말한다」라는 시에서는 적과 아군의 대립적인 가치관을 보여주고 있다.

> 내 손에는 범치 못할 총대 내 머리엔 깨지지 않을 철모가 씌워져
> 원수와 싸우기에 한 번도 비겁하지 않았노라
> 그보다도 내 피 속엔 더 강한 혼이 소리쳐
> 나는 달리었노라. 산과 골짜기 무덤과 가시 숲을
> 이순신(李舜臣) 같이, 나폴레옹 같이, 시이저 같이,
> 조국의 위험을 막기 위해 밤낮으로 앞으로 앞으로 진격! 진격!
> 원수를 밀어 가며 싸웠노라
>
> -모윤숙, 「국군은 죽어서 말한다」일부

그러고 보면 전시관의 조형물이나 전시물에서도 역사에 대한 '객관적 시각'의 흔적을 발견할 수 있다. 국군과 유엔군 피해상황, 공산군 피해현황, 빨치산 피해연황 등의 도표와 빨치산의 생활 모습 등을 자료로 보여주고 있다.

인상적인 것은 시비의 중앙에 있는 한반도 모양의 시계 조형물이다. 시계의 중심이 현재의 서울보다 북쪽으로 더 높이 설정되어 있다. 의도에 의한 것인지 우연의 일치인지는 알 수 없으나 통일 한국에 대한 염원을 간접적으로 읽을 수 있었다.

| 「귀천」 시비와 제1회 천상병문학제(2003년)에 참석한 목순옥 여사 |

천상병 시인의 「귀천」 시비는 지리산 빨치산 토벌전시관 바로 앞에 위치해 있다. 2002년 시비가 건립될 당시의 위치는 맞은 편 중산관광단지의 숙박업소 앞뜰이었다. 2008년 여름에 현재의 위치로 이전하였는데, 중산리 버스 정류장에 위치해 있어서 눈길을 많이 끄는 곳이다. 바로 옆에는 원두막이 조성되어 있어서 시비와 자연스럽게 어울리고 있다.

천상병 시인의 시세계는 '천진성'으로 이야기 될 수 있을 만큼 순수한 작품들이 많이 있다. 박재삼 시인은 '아무것에도 묶이지 않는 새'라는 글에서 천상병 시인을 다음과 같이 평하고 있다.

나이 마흔이 되도록까지 결혼도 하지 않고 또 이렇다할 직업도 없이 살아왔다면 그 사람은 분명히 기인임에 틀림없다. 어떻게 사느냐 하는 것이 그에겐 하나도 문제가 되지 않았고, 그야말로 동가식서가숙(東家食西家宿)으로 지냈다. 호주머니에 돈 한푼이 없어도 걱정을 하지 않고 그저 만나는 선배나 친구에게 손을 내밀어 요새 돈으로 돈 백원 얻으면 그것으로 넉넉하게 생각한 사람, 그가 바로 천상병이란 사람이다.

천상병 시인을 이야기 할 때 빼놓을 수 없는 것이 기행이다. 특히 유고 시집 『새』의 출간에 얽힌 이야기는 지금도 문학계에서 전설처럼 전해지고 있다. 평소 건강이 좋지 않았던 그의 행방불명 소식을 접한 문인들이 뜻을 모아 유고 시집을 출간되었으나, 정작 시집 출간 후에 그가 다시 사람들 앞에 나타난 것이다.

시에서 자신을 새로 표현하기를 즐겨했던 그는 1993년에 한 마리의 자유로운 새가 되어 하늘로 올라갔다. 많은 사람들은 그를 그리워하였고, 10주기가 되던 해에 시비를 세웠다. 「귀천」은 천상병 시인을 대표하는 작품이자 가장 많이 알려진 애송시 중의 하나이다.

나 하늘로 돌아가리라
새벽빛 와 닿으면 스러지는
이슬 더불어 손에 손을 잡고

나 하늘로 돌아가리라
노을빛 함께 단 둘이서
기슭에서 놀다가 구름 손짓하며는

나 하늘로 돌아가리라
아름다운 이 세상 소풍 끝내는 날

가서, 아름다웠더라고 말하리라

-「귀천」

특별한 설명이 필요 없을 정도로 쉽게 이해할 수 있는 시이다. 천상병 시인의 아내 목순옥 여사가 시인의 생전에도 동명의 카페를 운영하고 있었으니 자타가 공인하는 대표작이 「귀천」이 되는 셈이다.

목순옥 여사는 '날개 없는 새 짝이 되어'라는 책에서 천상병 시인과 카페 '歸天'에 대해서 다음과 같이 적고 있다.

22년의 결혼생활 동안 우리는 한 번도 떨어져 지낸 적이 없었다. 집에서나 밖에서나 늘 곁에 있어 혼자라는 느낌을 가져본 적이 없다. 그래서인지 지금도 남편이 가까운 데에 있으려니 하는 생각이 든다.

'귀천'에 앉아 있노라면 손님이 들어설 때마다 큰소리로 맞던 남편의 쉿소리가 귀에 쟁쟁하다.

"어서 오시오! 자리 있습니다. 자리 있습니다."

늦은 밤, 가게 문을 닫고 집으로 돌아가는 버스 안에서도 괜스레 마음은 바쁘다. 항상 이 마누라가 빨리 들어오기만을 기다렸던 남편 생각이 나서이다.

"문둥아, 와 이리 늦었노."

"그래 오늘은 손님이 누가 왔더노? 몇 명이나 왔더노?"

방에 걸린 사진 속의 눈빛이 이렇게 말하는 것 같아 나도 마음 속으로 길이 막혀 늦었노라고, 손님은 누가누가 왔더라고 대답해 주곤 한다.

천상병의 시비는 고향인 마산의 산호공원에 「귀천」이, 만날고개에 「새」가 있다. 그런데 아무래도 지리산과 천상병 시인이 얽힌 매듭을 찾기란 쉽지 않다. 원래 시비는 대부분 연고에 의해서 건립되는 경우가 대부분이기 때문이다.

굳이 추측하자면 하늘을 품은 산 천왕봉에 가깝기 때문이 아닐까 싶다. 그러나 이런 추측에 하늘에 있는 천상병 시인이 한마디 할 것만 같다. 문둥아! 문둥아! 왔으면 시나 감상할 일이지, 다 무슨 소용이고.

일해공원의 이주홍상과 시비

10

이주홍 문학의 산실, 합천

1) 일해공원에서 만난 이주홍
2) 수몰지구에서 만난 「고향의 봄」

일해공원에서 만난 이주홍

아마도 합천이라는 명칭에서 제일 먼저 떠올리게 되는 것은 해인사와 가야산일 것이다. 산은 자줏빛으로 선명하고 물은 맑다는 뜻의 산자수명(山紫水明)이란 한자성어가 가장 잘 어울리는 곳도 합천이다. 전국적으로도 명산의 반열에 올라 있는 가야산, 매화산, 황매산이 있고, 옛 시인묵객들의 찬탄을 자아냈던 홍류동 계곡이 이를 잘 대변해 준다.

홍류동 계곡은 가야산 입구에서 해인사 입구까지 이르는 4km의 계곡을 일컫는데, 가을 단풍이 너무 붉어서 흐르는 물에 붉게 투영되어 보인다 하여 이름 지어진 곳이다. 더구나 황매산은 한국영화사상 두 번째로 천만 관객을 동원했던 영화 〈태극기 휘날리며〉 전투 장면을 촬영했던 곳으로 널리 알려져 있다.

봄이면 황매산의 철쭉은 온 산이 불타는 모양새로 전국에서 등산객들을 불러 모으고 있다. 합천읍에서 합천댐 관광지 방면으로 15분 거리에 있는 합천영상테마파크도 주목할 만하다. 이곳은 영화 〈태극기 휘날리며〉, 〈경성스캔들〉, 〈바람의 파이터〉, 〈만남의 광장〉 등과 TV 드라마 〈서울1945〉, 〈영웅시대〉, 〈패션 70' s〉 등의 촬영지이다.

이런 합천이 얼마 전 다른 사안으로 언론의 주목을 받았던 적이 있다. 바로 군내에 자리한 5만1000여㎡ 규모의 군민공원인 일해공원(日海工園)의 명칭 때문이었다. 일해공원의 원래 명칭은 '새천년 생명의 숲'이었다. 그러나 군에서는 대통령을 배출한 고장이라는 자부심 때문인지 전직 대통령의 아호를 딴 일해공원으로 최종 확정했다.

일부 시민단체에서는 즉각 반발을 했다. 관광객 유치를 위해서 특정인의 이름을 내세웠다는 점과 그가 민주주의 역사를 거꾸로 돌렸으며 법의 단죄를 받았다는 점 등이 주요 반대 사유였다.

일해공원은 산책로와 야외공연장, 어린이 놀이터, 각종 체육시설 등이 마련된 복합적인 시민공원이다. 양쪽으로 길게 이어진 소나무 산책로를 따라 걷다 보면 그곳에 이주홍 시비와 동상을 만날 수 있다.

| 이주홍 시비(좌)와 동상(우상), 합천초등학교 소재 '해같이 달같이만' 시비 (우하) |

향파(向破) 이주홍은 다양한 방면에서 활동을 한 작가로, 1906년 합천에서 출생하였다. 그러나 주로 아동문학계에서 부각된 탓인지 그의 업적에 비추어 보면 일반에게 대중적으로 널리 알려지지 않은 작가이다.

시비에 기록된 약력에는 다음과 같이 소개되어 있다.

略歷

1906년 5월 23일 경남 합천에서 태어남, 호는 향파(向破)

1918년 합천보통학교 졸업. 이후 서당에서 한학을 공부함

1925년 〈신소년〉지에 〈뱀새끼의 무도〉를 발표

1929년 단편 〈가난과 사랑〉이 조선일보 신춘문예에 당선

1949년 배제중학, 동래중학 교사를 거쳐 국립 부산 수산대학교 교
수로 전직

1957년 〈아름다운 고향〉〈피리부는 소년〉 등 책으로 간행

1962년 〈수호지(전5권)〉〈한국풍류 소담〉 등 책으로 간행

1968년 〈섬에서 온 아이〉〈정만서 무전 여행기〉 등 간행

1972년 〈서유기〉 단편집 〈해변〉 등 간행, 수산대학 정년퇴임. 동 대
학 명예교수로 피임

1981년 이주홍 아동문학상 제정

1983년 단편집 〈아버지〉〈삼국유사 이야기〉 등 간행 외 총 저서 200여
권에 달함〈합천군가 및 합천중학교가, 군내 여러 초등학교 교
가를 지음〉

1987년 1월 3일 별세

류종열 씨는 『이주홍 문학저널』에서 이주홍 선생에 대해서
다음과 같이 증언하고 있다.

부산문학사나 부산소설사에 의하면 이주홍은 김정한과 더불어 부산

문학의 터를 다진 작가이며, 특히 부산소설문학에 지대한 영향을 끼친 작가로 부산문단의 거목이자 대부였다. 그리고 향파 소설은 리얼리즘을 지향하지만 김정한과는 달리 문제 제시적이며 유연하면서도 다양성을 지녔다고 평가되고 있다. 아울러 이주홍은 부산아동문학사와 부산희곡·연극사에 있어서도 초석을 다진 작가이다.

　이처럼 이주홍 선생은 부산문학의 거목으로 평가되고 있다. 그래서인지 1987년 타계할 때까지 10여 년 넘게 살았던 자택을 부산광역시에서 구입하여 이주홍 문학관으로 개축을 하였다. 그러다가 2004년 5월, 현재의 문학관 위치에 신축하였다 한다. 또한 금정산의 금강공원에는 '이주홍문학의 길'이 있는데, 이를 보더라도 부산에서 향파가 차지하는 위치를 짐작할 수 있다.

　일해공원에는 이주홍 동상과 시비가 서 있다. 동상은 여타의 것과는 다르게 벤치에 편안하게 앉아 있으며, 자신의 시비를 바라보고 있다. 시비에는 「대야실 강변은」, 「해같이 달 같이만」 두 편이 마치 책처럼 펼쳐져 있다.

　「해 같이 달 같이만」은 이주홍을 대표하는 동시이다. 일해공원 외에도 모교 합천초등학교 안의 작은 동산에 반공 소년 이승복 동상과 나란히 서 있다. 이 시비는 1968년에 세워진 것으로 향파 최초의 시비로 기록되고 있다. 부산의 금정산에 위치한 금강공원에 있는 이주홍 시비도 역시 「해같이 달 같이만」이다.

　「대야실 강변은」은 고향 합천을 노래한 시이다. 신라시대 무렵부터 합천은 대야(大耶)로 불렸으며, 지금도 매년 가을에는 대야문화제가 열린다. 향파는 15세 무렵에 고향을 떠나 상경하여 서울에서 생활하였으며, 40세 무렵부터는 부산에서 생활하였다. 이렇게 보면 떠나온 합천은 그의 출생지이자 정신적 요람이었다 할 수 있다.

| 일해공원의 이주홍 시비 |

덩-덩- / 가야산 숲에서 / 들려오는 종소리

탁-탁- / 가야산 숲에서 / 들려오는 목탁소리

합천 하면 / 해인사 / 해인사는 / 합천의 소
안마당 말갛게 / 쓸어논 자리 / 하이얀 감꽃이 / 떨어지는 아침

백제와 싸워 / 꽃으로 진 죽죽은 / 신라의 아침

낙동강의 잔가닥 / 남정강을 끼고
아득히 누운 / 푸른 들판엔 / 황새들도 많아라

합천은 신라 옛적 / 대야주 고을
바다만큼 넓은 / 대야실 강변은
대야 아이들이 / 놀던 곳
흘러라 흘러라 / 지금은 / 합천 아이들이 / 노는 곳

-「대야실 강변은」

대야실은 '남정강(황강)을 끼고 아득히 누운 푸른 들판'으로
묘사되고 있다. 어린 시절 이 강변은 '바다만큼' 넓은 곳이었
다. 이곳에서 시인은 아이들이 옛 신라의 기상과 정신으로 놀
기를 염원하고 있다.

'백제와 싸워 / 꽃으로 진 죽죽'은 신라의 장군이었다. 642
년, 백제의 의자왕은 신라의 대야성을 공격한다. 신라는 명장
죽죽 장군이 죽음으로 백제에 항거하였으나 대야성 전투에서
패하고 만다. 그 원인은 바로 대야성의 도독이자 김춘추의 사
위였던 품석이 제대로 싸워보지도 못하고 백제에 항복하였기
때문이다. 결국 그는 부인과 함께 죽임을 당하였다.

향파는 이 시에서 팔만대장경을 품에 안은 해인사, 삼국을
통일한 신라의 기상, 영남의 젖줄 낙동강을 모두 이야기한다.
영남의 변두리가 아니라 중심부로서 미래를 위해 끝없이 발전
하는 곳이 바로 합천이라고 표현하고 있다. 여기에서 중요한

것이 '아이들'이다. 아이들은 과거가 아니라 미래지향적이다. 이런 점에서 이 시는 우리나라 최초의 서사동시로 일컬어지는 신현득의 「고구려의 아이들」과 견줄 만하다.

고구려의 아이는
끝없는 벌판으로
말을 달리고 있었다.
그리고
하늘이 움직여라 고함을 쳤다.
"우리는 커 가는 나라
고구려다
고구렷!"

-「고구려의 아이」일부

합천호는 1988년에 낙동강의 지류인 황강(黃江)을 막아 합천댐을 만들면서 생겨난 인공호수이다. 다양한 물고기가 많아 낚시꾼들로 붐비며, 거창까지 이르는 긴 도로는 드라이브 코스로 알려져 있다.

상현휴게소에서 거창 방면으로 2Km 지점에 이르면 도로변에 '고향의 봄' 노래비가 서 있다. 일반적으로 빗돌에 새기는 시나 노래의 경우는 대부분 저자와 건립자가 명시되어 있는 것이 관례이다. 근래에 건립되는 비의 경우는 그 내력을 적은 記도 같이 병행하는 경우가 많다. 그렇지 못할 경우라 하더라도 최소한 저자의 표기는 빠지지 않는다.

그런데 이 상현리의 노래비는 가사만 있다. 세운 사람도 없고, 심지어 노랫말의 지은이까지도 표기되어 있지 않다. 혹시나 싶어서 이곳저곳 살펴보아도 역시 흔적을 찾을 수가 없다. 단지 아담한 비석에 「고향의 봄」 가사만 고스란히 새겨져 있을 뿐이다.

나는 여기에서 깊은 감명을 받았다. 여태 돌아본 문학유적들에는 정도를 벗어나서 원작보다는 건립자가 더 두드러져 보이는 경우가 종종 있었다. 마치 작품이 건립자나 단체의 이름을 빛내기 위한 부수적인 것으로 치부되는 모양새였다. 이런 경우 숭고한 문학정신을 기리는 마음이 앞서기 보다는 약간의 유쾌하지 못한 감정을 가지곤 했다.

상현리의 「고향의 봄」 노래비는 그야 말로 소박하다. 아무런 장식도 없는 타원형의 빗돌에 노래를 새긴 것이 전부이다. 이 빗돌에 거창하게 건립자를 같이 새겼더라면 오히려 초라하고 눈길을 받지 못하는 그 무엇이 되었을 것이리라.

    건립자를 새기는 것은 후대에 길이 그 업적을 남기기 위한 것이고, 지은이를 기록하는 것은 지은이의 문학적 업적을 기리자는 의미도 있다. 그런데 아무런 내용도 기록하지 않은 것은 작품 자체에 모든 것이 담겨 있다는 것을 의미한다.

    고향의 봄 1절만 기록되어 있는 이 노래비는 수몰된 고향을 향하고 있어 보는 이의 마음을 애잔하게 만든다. 그러나 실향민들이 이 언덕에서 「고향의 봄」 노래를 부르며 마음의 위로를 얻는다면 이 시비의 목적은 온존하게 달성되었다고 보아야 한다. 아마 이원수 선생이 살아 있어도 소탈하게 웃으면서 이 작

| 상현리의 「고향의 봄」 노래비 |

은 '결례'를 용서해 주실 것이라 믿는다.

상현리의 이 노래비는 하나의 상징이며, 눈물과도 같은 것이다. '여기에 우리의 고향이 있었다. 그리고 그 고향은 아름다웠다.'고 하는 암시가 그 속에는 있다.

노래비의 뒤편으로는 거대한 호수가 바닥을 드러내며 사라진 마을의 흔적을 애잔하게 보여주고 있다. 합천호가 생기면서 이 일대는 낚시의 명소가 되고, 백리벚꽃길 등이 드라이브 코스로 각광을 받게 되었다. 그러나 조상 대대로 살아오던 수몰민의 애환은 저렇듯 작은 비석으로 남아 있다.

| 합천호의 겨울 풍경 |

그나마 다행인 것은 합천댐 건설로 고향이 수몰된 실향민들을 위하여 봉산면 김봉리와 봉계리에 걸친 땅에 망향의 동산이 건립된 점이다. 망향의 탑 인근에는 전망대가 있고, 수몰되기 전의 사진이 전시되어 있다.

상현리에서 '고향의 봄'을 만나면서 새삼 「고향의 봄」 노래가 가진 힘에 대해서 깨우치게 된다. 나의 살던 고향은 꽃 피던 산골 복숭아꽃 살구꽃 아기진달래……. 그리운 고향 노래를 부르다 보면 어느새 마음은 고향에 가 있다. 봄이 오면 황매산 철쭉이 붉고, 실향민의 마음도 호수의 반짝임처럼 가만가만 옛날을 떠올릴 것이다.

11

가야의 땅에서 만나는 문향,
창녕 · 김해 · 밀양

산토끼 학교에서 만난 이일래

전국적으로 창녕은 화왕산과 우포늪으로 유명하다. 그러나 동요 「산토끼」의 탄생지라는 것을 아는 사람은 많지 않다. 「산토끼」 이일래 선생이 이방초등학교에 재직 중에 작곡한 동요이다.

이방초등학교는 1921년 10월 5일 이방공립보통학교로 개교하였으며, 1941년 4월 1일 이방국민학교로 개칭하였다. '산토끼 학교' 답게 이방초등학교로 들어가는 입구에는 온통 산토끼가 뛰어가며 춤추는 모습들로 장식되어 있다. 산토끼는 이방초등학교뿐만 아니라 이방면의 상징으로 드러난다. 도로 곳곳의 산토끼 이정표에서도 그것을 잘 확인할 수 있다.

| 「산토끼」 노래비 |

이일래 선생은 1903년 마산시 성호동에서 출생하였다. 이런 지역 연고로 산호공원 詩의 거리에도 「산토끼」노래비가 세워져 있다. 이방초등학교의 자료에 의하면 동요 「산토끼」의 창작 배경은 다음과 같다.

일제 치하이던 1928년의 가을에 이일래 선생은 어린 딸을 안고 학교 뒷산에 올랐다 한다. 잔디밭에 누워 지는 해를 바라보고 있던 중에 산토끼가 깡충깡충 뛰노는 모습을 보게 된다. 그 모습을 보고 "우리 민족도 저 산토끼처럼 자유롭게 일제의 통치에서 벗어나 나라를 되찾을 수 없을까"라는 생각을 하였다. 그 자리에서 가락을 흥얼거리다 집으로 돌아와 오선지에 곡을 만들어 적고 가사를 붙여 만든 노래가 「산토끼」였다.

요즘은 산토끼를 잘 구경할 수 없게 되었다. 일반적으로 산토끼는 집토끼와는 달리 보호색을 가지고 있으며, 그 움직임이 매우 활기차다. 근래에는 예술가들이나 시민 단체들에서 우리나라의 모습을 포효하는 호랑이로 종종 묘사하곤 한다. 그것은 우리 민족의 기상을 호랑이와 연관시킨 까닭일 것이다. 일제 치하의 우리 민족에게는 다른 그 무엇보다 자유가 필요했으리라.

산토끼의 노래 가사와 곡이 경쾌하고 부르기 쉬워서였을까. 이 노래는 이후 전국으로 널리 퍼지게 되어 많은 사랑을 받게 되었다. 한때 민족감정을 유발시킨다는 이유로 가창을 금지당하며 지은이 미상의 노래로 남아 있던 때가 있었다. 이후 1938년도에 출판된 '조선동요 작곡집'의 영인본이 1975년도에 소개되면서 일반에 널리 알려진다.

요즘이야 동요와 동시가 비교적 뚜렷하게 구분되지만 우리

문학 초기에는 그렇지 않았다. 둘의 갈래 구분도 모호했고, 동시보다도 동요의 비중이 더 높게 여겨지던 시절이었다. 그 이유는 역시 전파력에 있었다. 동시보다는 정형성을 가지는 동요가 외우기가 더 쉬웠고, 곡까지 붙여진 경우에는 훨씬 더 용이하게 전파되었다. 이런 이유로 지금까지 애창되는 창작동요의 상당수가 해방 이전의 것이다. 청록파 시인으로 널리 알려진 박목월의 경우에도 「얼룩송아지」와 같은 좋은 동요를 창작했고, 윤동주 시인도 동요 창작에 노력을 기울였다.

| 이방초등학교에 있는 이일래 동요비 |

그러나 근래에 동요를 시의 개념으로 창작하는 경우는 많지 않다. 해방 이전의 동요의 지위는 해방 이후에는 동시의 위치와 비슷하지 않았을까. 동시와 동요의 가장 큰 차이점은 외형

적으로 자유시 형태인가 정형시 형태인가 하는 점에 있다. 사전에는 동요가 '문학 장르의 하나로, 어린이들의 생활 감정이나 심리를 표현한 정형시', '또는 거기에 곡을 붙여 부르는 노래'로 규정하고 있다.

전자의 경우는 좁은 의미의 동요를 말하는 것이고 후자의 경우는 넓은 의미의 동요를 말하는 것이 된다. 일반적으로 문학에서 말하는 동요는 곡이 붙기 이전의 것을 가리킨다. 곡이 붙은 경우 그 소재가 되는 가사는 동시, 자유시, 소설, 산문, 설화 등이 되는 경우가 있다.

이일래(李一來) 선생의 조선동요작곡집(朝鮮童謠作曲集)에는 모두 20곡의 노래가 소개되고 있다. 이 중에서 세 번째 노래 「산토끼」를 포함한 13편의 작사 · 작곡이 모두 그의 것이다.

| 조선동요작곡집에 실린 이일래의 동요 원곡 「산토끼」 |

오늘날 우리에게 알려진 「산토끼」의 노랫말은 조선동요작곡집에 실린 원본과 조금 차이가 있다. 산호공원 詩의 거리에 있는 노래비의 가사를 인용해 보자.

산토끼 토끼야 / 어디를 가느냐
깡충깡충 뛰면서 / 어디를 가느냐
산고개 고개를 / 나 혼자 넘어서
토실토실 알밤을 / 주워서 올테야

그런데 원곡의 가사는 다음과 같다.

산토끼 토끼야 / 너 어디로 가나
깡충깡충 뛰어서 / 너 어디 가나
산고개 고개를 / 나 넘어 가서
토실토실 밤송이 / 주우러 간단다

거의 비슷하지만 그 느낌은 조금 다르다. 귀에 익어서 그런지 원본보다 위의 것이 더 친숙하게 여겨진다. 「산토끼」는 노랫말이 가지는 리듬감이 뛰어나서 특별히 곡을 붙이지 않더라도 신나게 따라 읽을 수 있을 것만 같다. 노랫말과 곡을 동시에 떠올리면서 창작을 해서라고 여겨진다.

조선동요작곡집에는 이일래 선생 본인 외에도 여러 사람의 노랫말에 곡을 붙이고 있는데, 그 중에서도 이원수 선생의 「고향」과 최순애 여사의 「오빠 생각」이 눈에 띈다.

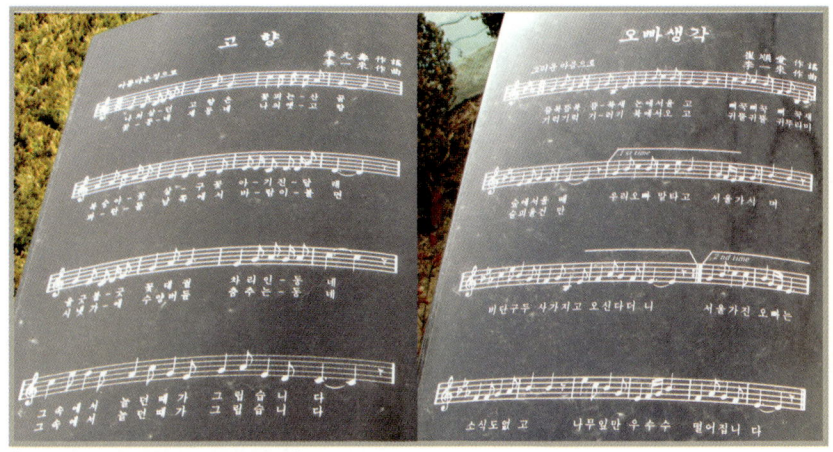

　　이 두 동요가 이원수 선생과 최순애 여사의 대표작이라는 점을 고려해 보면 참으로 놀라운 인연이다. 우리가 흔히 「고향의 봄」으로 알고 있던 노래가 초기에는 「고향」이라는 제목이었던 점도 흥미롭다.

　　앞에서 잠시 언급했지만 이방초등학교의 캐릭터는 산토끼이다. 산토끼 노래비가 서 있고, 건물 벽에는 산토끼 노래가 대형 벽화로 그려져 있다. 운동장 옆에 세워진 정자의 이름도 산토정(山兎亭)이다. 작은 우포늪이라 불리는 연못의 중앙에는 화강암으로 제작된 대형 산토끼 조각이 서 있다. 이쯤 되면 누구라도 이방초등학교를 산토끼 학교로 부르지 않는 것이 오히려 이상할 정도이다.

　　이 모든 조형물들의 중심에는 이일래 선생의 흉상이 있다. 2007년에 건립된 이 동상은 여러 마리의 산토끼가 사방을 호위하고 있는 형태로 제작되어 있다. 흉상은 인자한 표정으로

| 「산토끼」 원곡 |

학교의 운동장을 바라보고 있는데, 등교하는 아이들을 언제나 만날 수 있는 자리이다.

이일래 선생의 노래는 조선동요작곡집에 수록된 것 외에도 1백 여 곡이 더 있었지만, 6 · 25 전쟁으로 모두 소실되었다 한다. 그는 1979년 경기도 양주군에서 향년 76세의 연세로 작고했다. '산토끼 놀이장'이라고 적힌 사육장 안에서는 여러 마리의 토끼들이 뛰노는 모습을 마지막으로 보며 이방

초등학교를 나선다. 앞으로도 오랫동안 「산토끼」는 우리 민족의 사랑을 받는 노래로 남아 있을 것이다.

가야의 땅에서 만난 문학혼

　　김해는 신화와 전설의 땅이다. 경남의 타 지역보다 유난히 전설이 많고, 무엇보다 김수로왕의 탄생 설화가 있는 고장이다. 그래서 김해를 유서 있는 고장으로 만드는 첫 출발지는 바로 구지봉이다. 구지봉이야 말로 가야의 시작이며, 가야 전설의 원류이다.

▎김수로왕의 탄생설화가 전해지는 구지봉 정상▎

　　김수로왕의 탄생 설화는 『삼국유사』의 '가락국기'에 전한다. 여기에는 가락국기(駕洛國記)의 전체 내용은 전해지지 않고 있으나 수로왕의 탄생과 여섯 가야의 건국, 수도와 궁실 건립, 수로왕과 탈해왕의 싸움, 허황후(許皇后)와의 혼인 등이 포함되어 있다.

　　김수로왕부터 가야로 이어지는 김해의 이러한 역사적 자산을 고스란히 간직한 곳이 국립김해박물관이다. 이 박물관의 앞에서부터 수릉원에 이르는 도로는 '가야의 거리'로 이름 붙여졌다. 수로왕비릉-구지봉-국립김해박물관-대성동고분박물관-수릉원-수로왕릉-봉황동유적지 등이 모두 이 거리와 인접해 있거나 지적에 있다. 시청과 경찰서 등 주요 관공서와 대형 마트도 대부분 이 부근에 위치해 있어서 전통과 현대의 만남을 잘 보여주고 있다.

가야의 거리를 걷다 보면 분수대 우측에 평론가 김종출의 문학비가 있다. 김종출의 호는 가산(伽山)이며, 김해공립농업학교를 거쳐 1943년 일본 아오야마대학 영어과 졸업했다. 1964년《동아일보》신춘문예에 문학평론「엑자일의 문학-이상(李箱)의 소설」이 당선되었다.

작가정신에 대해 비문에는 다음과 같이 적혀 있다.

작가는 무엇을 쓰든 간에 자기의 작가정신에 사회적 양심의 최후의 보루이며 스스로가 사회적 양심의 대변자라는 확신을 가질 때, 비로소 문학이 우리 사회에 있어서 더 뚜렷한 존재이유를 확립할 수 있다고 생각한다. (현대문학 1971.11)

| 가산 김종출의 문학비 |

너희들은 독립을 보리라

환산 이윤재 선생의 말씀

우리가 지금 일본의 종살 밑에 눌려 산다고 언제나 이럴 줄 알아서는 큰 잘못이다 나는 나이도 들었고 지금 형세로는 감옥에서나 죽게 생겼지만 너희들은 대령 친지 많은 날에 내 나라 다시 찾고 독립 국민으로 떳떳이 살 날이 꼭 올 것이다 너희들은 틀림없이 독립을 보리라 그러면 지금부터 정신을 똑바로 차려야 한다

1929년 경신학교에서

역시 가야의 거리 인근에 위치한 김해문화원 옆 나비공원에는 한뫼 이윤재 선생의 조형물이 건립되어 있다. 70여 평의 면적에 6개월여의 공사 끝에 완공하였는데, 인제대 디자인학부 박혜경 교수(디자인대 학장)가 설계했다.

한뫼는 국어학자이자, 교육자였으며, 독립운동가였다. 1929년에는 조선어사전 편찬위원회를 조직하고, 집필위원으로 활동하였다. 1933년에는 맞춤법 통일안을 제정 공포했고, 1940년에는 외래어 표기법-표기방안을 확정하고 외래어 표기법 통일안을 발표하였으며, 1957년에는 여섯권의 큰 사전을 완성하여 발간하였다.

김해, 마산, 연변, 서울 등지에서 교육자로 활동하였으며, 1919년에는 3.1운동이 일어났을 때 교내의거에 가담하여 3년간 옥고를 치르기도 하였다. 이후 조선어학회사건 등으로 감옥생활을 하다가 1943년 12월에 향년 56세로 순국하였다. 김해도서관 옆에 있는 '너희들은 독립을 보리라' 라는 제목의 어록비에는 독립운동가로서의 선생의 말씀이 기록되어 있다.

우리가 지금 일본의 총알 밑에 눌려 산다고 언제나 이럴 줄 알아서는 큰 잘못이다. 나는 나이도 들었고 지금 형세로는 감옥에서나 죽게 생겼지만 너희들은 대명 천지 밝은 날에 내 나라 다시 찾고 독립 국민으로 떳떳이 살 날이 꼭 올 것이다. 너희들은 틀림없이 독립을 보리라. 그러자면 지금부터 정신을 똑바로 차려야 한다.

- 1929년 경신학교에서

참으로 놀라운 혜안이다. 본인은 예언처럼 감옥에서 생을 마감했고, 남은 사람들은 그의 순국 후 얼마 지나지 않아 독립을 맞이하게 되었으니 말이다.

김해 시내를 벗어나서 마산 방면으로 향하면 단감으로 유명한 진영읍이 있다. 진영이 김해에 속해 있기는 하지만 정서적으로는 마산·창원과 더 가까운 듯하다. 고개만 넘으면 바로 창원이고, 조금 더 가면 마산이니 말이다. 아무리 생각해 보아도 진영을 대표할 만한 것이 단감 외에 쉽게 떠오르지 않는 것은 진영에 대한 무지 때문일까.

그러나 근래에 진영은 노무현대통령 생가가 있는 '봉하마을'로 전국적인 명소가 되었다. 이미 고인이 되었음에도 주말은 물론이고, 평일에도 상당히 많은 인파가 몰린다. 말투도 제각각 달라서 억센 경상도 말과 서울 말씨, 그리고 간간이 전라도 지역의 말씨도 들을 수 있다.

조금 더 기억을 모아서 진영을 생각해 보면 진영이 이름 난 세 명의 걸출한 문인을 배출한 고장이라는 것을 알게 된다. 한 명은 한국평론계의 거장 김윤식 명예교수이고, 다른 두 명은 소설가 김원일, 김원우 형제이다.

김원일은 1942년 진영읍 진영리에서 출생했으며, 1966년 《대구매일신문》 신춘문예에 「1961·알제리아」가, 1967년 《현대문학》에 장편 「어둠의 축제」가 당선되면서 소설가로 활동을 시작하였다. 6·25전쟁을 소재로 한 소설에 집중하여 대표적인 '분단작가'로 불린다. 그 이면에는 6.25 전쟁 중에 월북한 아버지에 대한 감정도 숨어 있었을 것이다. 유년 시절과 분단을 소재로 한 작품으로 「어둠의 혼」(1973), 「노을」(1977), 「미망」(1982), 「불의 제전」(1983) 등이 있다.

　　김원일 문학비는 진영읍 여래리의 금병공원에 위치해 있다. 서재에 그의 저서가 꽂힌 형태로 제작된 문학비에는 문학사상 사에서 출간한 『노을』이 따로 떨어져 있다. 비문에는 다음과 같이 기록되어 있다.

　　김원일 선생은 해방, 분단, 전쟁으로 얼룩진 민족사적 시련을 문학혼 으로 승화시켜 우리 문학사의 한 봉우리로 우뚝 솟았다. 특히 선생의 고향인 진영을 무대로 집필된 「어둠의 혼」, 「노을」, 「불의 제전」등은 김원일 문학의 진수를 보여주는 문학작품으로 많은 독자들에게 이 고장을 널리 알리는데 공헌하였다. 이에 소설의 배경인 여래못 금병공원에 선생의 문학을 기리는 돌 하나를 세워 그 자취를 남기다.

근래에 그의 소설 『불의 제전』 개정판이 나왔다 한다. 1980년에 연재가 시작되어 1997년에 완간되었으니 꼭 18년 동안 집필이 이루어진 셈이다. 엄청난 창작열이 아닐 수 없다.

공원을 산책하면서 우리 문학의 큰 주춧돌이 되었던 작가들의 얼굴과 작품들을 가만가만 떠올려 본다. 천천히 날이 저물고 노을이 붉다.

이재금의「도래재」

　　선비의 고장 밀양을 대표하는 상징물 '영남제일루(嶺南第一樓)' 영남루와 박시춘 노래비 사이에는「밀양 아리랑」노래비가 있다. 일반인들이 밀양을 연상할 때면 가장 먼저 떠올릴 것이 바로「밀양아리랑」일 것이다. 그 흥겨운 가락은 듣는 이의 어깨를 저절로 들썩거리게 만든다.

| 「밀양아리랑」 노래비 |

날 좀 보소
날 좀 보소
날 좀 보소
동지 섣달 꽃 본 듯이
날 좀 보소
아리아리랑 스리스리랑
아라리가 났네
아리랑고개로 날 넘겨주소

정든님이
오시는데
인사를 못해
행주치마 입에 물고
입만 방긋
아리아리랑 스리스리랑
아라리가 났네
아리랑고개로 날 넘겨주소

민요 '아리랑'의 후렴에 자주 등장하는 부분이 '아리랑'과 '스리랑'이다. 그런데 '아리랑'의 유래가 '아랑(阿娘)'에서 비롯되었다는 설이 있다. 아랑 전설에 의하면 아랑은 명종 때의 윤부사의 열여섯 살 딸이었다. 여기에 관해서 오랫동안 아리랑을 연구해 온 김연갑은 다음과 같이 적고 있다.

밀양에서 언제부터 실명 인물 윤 낭자가 「아랑」으로 불려졌는지 정확히 구명할 길이 없다. 단순히 장지연의 「5백년 기담」을 읽어 보면 윤낭자가 거처하던 곳이 「아후별당(衙後別堂)」이고 이 처녀는 관아 뒷 별당에 사는 낭자(阿娘)인 것이다. 따라서 이 낭자의 별칭이 아랑(衙娘)이 될 수도 있다는 것인데 혹시 이 衙娘이 고유명사화 되어 阿娘이 된 것은 아닐지. 물론 여담이다. (밀양에선 아랑의 본명을 東玉이라 한다.) (김연갑, 『아리랑』, 현대문예사, 1986.)

실제로 「밀양아리랑」에는 아랑과 연관된 부분이 등장한다.

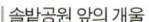
| 솔밭공원 앞의 개울 |

嶺南樓 名勝을 찾아가니
阿娘의 애화가 전해있네
저건너 대 숲은 依依한데
아랑의 설은 넋이 애달프다

밀양아리랑을 흥겹게 흥얼거리다 보면 영남루 앞을 유유히 흐르는 밀양강에 시선이 간다. 밀양강은 아랑의 전설도 그 옛적 풍류를 노래하던 선비들의 문장도 한꺼번에 품으며 이 소담한 도시 밀양을 가로지르고 있다. 흐르는 물에는 두 번 다시 발을 담글 수 없다지만 밀양강 가에 이르면 옛적의 물이나 지금

| 이재금의 「도래재」 시비 |

의 물이나 모두 한가지로 여겨진다.

밀양강은 길게 이어져 삼문동 솔밭공원에까지 이른다. 강변에 조각공원이 조성되어 있고, 시민들이 즐겨찾는 휴식처인 이곳에는 울창한 소나무 숲이 조성되어 있다. 여름이면 가족단위로 시민들이 모여들어 피서를 하고, 앞개울에는 드문드문 낚시를 하는 사람들이 있다. 가끔 기차가 강변 주변으로 지나고 있어 마치 한 폭의 그림 같은 풍경이다.

이곳에 시인 이재금의 시비가 있다. 이재금은 1941년 밀양에서 태어나 서라벌예대 문창과를 졸업했다. 시집 『부끄러움을 팝니다』를 출간한 이후 《창작과 비평》,《실천문학》등에 작품을 발표하면서 활동을 시작했다.

밀양에서 교직생활을 했으며, 밀양문학회를 만들고 《밀양문학》을 창간했던 전형적인 밀양 사람이었다. 「도래재」 시비는 그의 2주기가 되는 1999년에 세워졌는데, 시비의 글씨는 밀양 출신 소설가인 김춘복 씨의 것이다.

언양 땅 넘어가면 석남 고개
밀양 땅 넘어오면 도래재 고개

일흔일곱 굽이굽이
소쩍새 울어
실안개 피는 자락
눈물 맺힌다

돌아서서 가신님

돌아오는 고개

「도래재」는 1994년 발행된 시집 『말똥 굴러가는 날』에 수록된 시다. 한승원은 발문에서 이재금의 시에는 "'밀양아리랑'의 슬프고 찬란한 감칠맛과 능청스러운 흥겨움과 신명까지" 배어 있다고 적고 있다. 또 시업을 위하여 신경림과 이문구를 만났다고 하였으나 그들의 냄새를 맡을 수 없었고, 오직 밀양에 혼자서 대추나무 키우며 살고 있는 촌놈 냄새밖에 맡을 수 없다고 적었다.

사실 이재금의 시는 투박하고 자연스러우며 읽어 내려가는 동안 개성적인 가락을 느낄 수 있다. 그것은 억지스럽게 꾸며진 것이 아니라 그 내용에 맞는 하나의 자연스러운 형식들로 다가온다. 「저녁눈」, 「겨울밤」 등을 지은 눈물의 시인 박용래의 가락과 그 맥락을 견줄 수 있는 것은 바로 이 때문이다.

도래재는 산내면에 위치한 고개 이름이다. 서북방면으로는 정승봉에 이르고, 동쪽으로는 천황산에 이른다. 남명초등학교에서 출발하여 산정을 밟으면서 정승봉, 천황산에 오르는 산행 코스는 널리 알려져 있다. 지금은 도로가 포장이 되어 있고, 도로 위로는 넓은 생태다리가 설치되어 있다. 사방이 온통 산으로 둘러 쌓인 '일흔일곱 굽이'로 길이 나 있다.

시인은 밀양 사람들이 넘나드는 이 도래재를 밀양 사람들의 '눈물'이 서린 곳으로 보고 있다. 그래서 「도래재」의 관심은 '고개'가 아니라 '사람'이다. 밀양 토박이인 이재금 시인은 「단절」에서 고향 사람들에 대한 그리움을 잘 드러내고 있다.

깊섶에 앉아

양지꽃을 보는 동안

땅강아지 보는 동안

밭두렁 잠시 들러

오줌 누는 동안

모두들 갔구나

너무 멀리 갔구나

-「단절」

　잠시 자신이 관심을 두지 않고 있었을 때, 자신의 관심사였던 '모두'는 '너무 멀리' 갔다고 표현하고 있다. 산과 들이 크게 변하지 않았는데, 너무 멀리간 '모두'는 사람이다.

　밀양 장날에 만난 말순이(「말순이」), 밀성여자상업고등학교 3학년 정보 2반 진숙이(「진숙이」), 산비탈 언덕빼기 높은 언저리의 소금소줏집 할아버지(「소금집」), 맞선 본 이렛날 만에 죽은 옻나무골 노총각(「경운기 타고 저승 가네」) 등이 너무 멀리 간 모두이다. 이런 점에서 도래재는 시인이 사랑했던 공간과 시간의 총체라고 할 수도 있겠다.

　날씨 맑은 날 솔밭공원에는 말순이 같던 아주머니와 진숙이 같던 소녀들과 소금집 할아버지 같은 노인들이 삼삼오오 모여든다. 이제금 시인의 시비는 즐거이 그들 '모두'와 어울려서 가끔 지나는 기차 소리도 듣고, 별이 맑은 밤이면 맑게 찰랑이는 강변에 떨어지는 별똥도 지켜볼 것이다.

12

춘추공원에서 만난 이원수
의 흔적, 양산

1) 춘추공원에서 만난 이원수의 흔적
2) 백록리의 시비들

춘추공원에서 만난 이원수의 흔적

　　이원수의 고향의 봄 노래비가 있는 교동의 춘추공원으로 향했을 때는 주말의 이른 아침나절이었다. 시내와 가까운 거리여서인지 등산을 하는 사람들이 많이 보였다. 인근에 양산향교가 위치해 있는데, '교동(校洞)'이라는 이름 자체가 향교가 위치하고 있는 마을이라는 뜻을 가졌다.

　　춘추공원은 공원으로 조성되기 이전부터 인근 주민들의 휴식 공간으로 이용되었으며, 애향 단체인 춘추계가 공원 이름을 춘추원으로 고쳐 부른데서 그 명칭이 유래한다고 전한다. 이곳에는 김수로왕의 11세손으로 김유신의 아버지였던 김서현 장군과 독립운동가인 윤현진 의사 비가 세워져 있다. 공원의 입구에서 조금만 더 올라가면 이원수 노래비를 만날 수 있다.

| 춘추공원의 이원수 노래비 |

일반적으로 문학비가 건립되는 가장 중요한 요소는 바로 지역적 연고였다. 춘추공원의 '고향의 봄 노래비'도 바로 이 때문에 세워진 것이다. 양산이 이원수 선생의 출생지라는 것은 널리 알려진 사실이다. 그런데 그 이후의 행보에 대해서는 한동안 논란이 있었다.

　　이원수 선생은 1911년 음력 11월 17일 양산읍 북정리에서 출생한 이후 1912년 9월 10일에 창원읍 중동리 100번지로 이사를 했다. 출생지는 '양산'이지만 고향이라고 할 수 있는 성장지는 '창원'이 되는 셈이다. 이후 창원 소답리의 서당에서 공부를 하다가 마산공립보통학교 2학년에 편입을 하게 된다.

　　그런데 춘추공원의 노래비 뒷면에 기록된 박지홍의 글에는 11살에 양산보통학교에 입학을 했다가 12살에 마산으로 이사를 했다고 적고 있다. 이 기록에 의하면 작품의 토대가 되는 유

| 이원수 노래비 뒷면의 건립기 |

년시절을 양산에서 보낸 셈이 된다.

이것이 문제가 되는 것은 이원수의 대표작 「고향의 봄」 배경지와 연관이 있다. 동요 「고향의 봄」이 발표된 것은 1926년이니 그가 15세 되던 해이다. 12살에 마산으로 이사를 했다면, '나의 살던 고향'은 양산시의 북정리 인근이 된다. 건립기에서도 '이원수 선생이 생장했던 옛마을 북정이 바라보이는' 자리에 시비를 세운다고 밝히고 있다.

이 기록은 이원수의 자전적인 글 「흘러가는 세월 속에」에서 사실이 아님이 증명된다. 이 글에서 그는 '내가 난 곳은 양산이라고 했다. 양산서 나긴 했지만 1년도 못되어 곧 창원으로 이사해 왔기 때문에 나는 내가 난 땅에 대해서는 아는 것이 없다.'고 밝히고 있다.

이원수의 성장지 논란은 한동안 양산과 창원의 문화적 이슈였다. 그러나 이원수의 호적부가 발견되면서 논란은 종지부를 찍게 된다. 전국적으로 산재해 있는 고향의 봄 노래비가 유독 눈길을 끄는 것은 '애국가만큼 널리 불리워지고' 있다는 사실 때문일 것이다.

백록리의 시비들

　　하북면 백록리는 조용하고 아담한 곳이다. 주변에는 찻집과 식당들이 모여 있어서 여행을 하는 사람들의 휴식처로서 안성맞춤이다. 이곳에 도자기공원이 있다. 그 명칭을 처음 듣는 사람들은 시에서 조성한 시민휴식처라고 생각하기 쉽다. 그러나 도자기공원은 명함에 적힌 문구를 인용하면 '천연비누 천연염색 의류 도자기 전문제조 업체' 이다.

　　이 도자기 공원 진입로에 7개의 시비가 있다. 이 시비들은 도자기공원의 예산으로 2006년에 건립된 것이다. 「노을에 서서」(구권자), 「목련화」(박정이), 「짝사랑」(성태진), 「서정가」(안도섭), 「어머니」(이남웅), 「소리바다」(이봉영), 「돌꽃」(장경태) 등이 그것이다.

　　일반적으로 시비의 건립 주체는 문인단체나 지방자치단체이다. 그 외의 곳에서 시비를 집단적으로 건립하는 경우는 매

| 도자기공원 앞의 시비들 |

우 이례적이다.

원래 문학비는 문학적 업적을 기리기 위하여 세우는 것이 일반적인 관례이다. 종이에 시를 인쇄하여 보는 것과 보존만 잘 되면 천 년 이상을 가는 비석을 세우는 것과는 많은 차이가 있다.

문학비 건립은 조선시대까지의 문집 발간과 그 조건 면에서 매우 유사하다. 우선 문학적 업적이 있어야 하고, 비용이 많이 든다는 점이다. 문집 한 권의 발간을 위해서는 오늘날의 금액으로 일억 원 이상이 들었다고 하니 그 비용이 만만치 않다. 더구나 그러한 비용을 들여 문집을 간행하려면 필시 그에 준하는 문장이 있어야 함은 당연한 일이었을 터이다.

이런 점에서 백록리의 시비들은 많은 생각을 하게 만든다. 시인들의 작품을 오래 보관하고 많은 사람들에게 읽히게 하겠다는 근본 취지는 이해가 간다. 그런데 시비들은 적당한 위치에 적당한 모양으로 있어야 더 빛이 난다. 시비 앞에 멈추어 서서 작품을 감상하며 시인을 떠올리고, 그 시심에 공감을 얻으면 그 사명이 일차적으로 완수된다.

| 도롯가에 일렬로 세워진 시비들|

시가 새겨진 돌의 형상과 크기, 글씨의 모양, 시비의 위치 등이 모두 시비의 완성도에 영향을 준다. 좋은 시비는 사람들이

감상하기 좋은 위치에 시의 내용과 어긋나지 않는 외관을 가져야 한다고 생각한다.

시비를 동시에 건립할 때 생기는 가장 큰 문제점은 외형의 획일성이다. 비슷한 모양과 크기에, 비슷한 글씨를 가지면 시비가 가지는 예술성은 크게 감소된다. 이런 조건들을 충족하지 못하면 시비는 '돌 위에 시를 새긴 그 무엇' 이 될 가능성이 있다. 물론 백록리의 시비가 그러하다는 뜻은 아니다. 그러나 조금 더 장소나 외형에 관심을 기울였더라면 하는 아쉬움이 남는다.

| 안도섭 시비 「서정가」 |

여러 시비 중에서 안도섭 시인의 시 「서정가」를 읽어보자. 안도섭 시인은 1958년《조선일보》신춘문예에 시 「불모지」가 당선되며 등단했으며, 『地圖 속의 눈』(1959), 『황토현의 횃불』(1980), 『풀잎 序章』(1984), 『하늘을 아는 사철나무』(1986), 『어느 火刑日』(1987) 등의 시집이 있다.

하 복사꽃 피기로서니
복사꽃 두 닢 지기로서니
나는 붉은 그 사랑을 몰라라

하 복사꽃 웃기로서니
복사꽃 슬히 울기로서니
나는 그 미쁜 그 얼굴을 몰라라

삼월, 저 하늘가
숨 막히는 가슴뿐이더라
비인 항아리 마음 그뿐이더라

-「서정가」

이 시는 삼월의 복사꽃을 소재로 창작인의 마음을 노래하고 있다. 1연과 2연에서는 복사꽃의 피고 짐을 통해서 세속의 복잡한 시간과 사연에 대해서 노래하고 있다. 복사꽃이 피거나 지거나, 웃거나 우는 것에 대해서 화자는 모르쇠로 일관하고 있다. 그 이유가 3연에서 등장하고 있다. '숨 막히는 가슴'은 곧 '비인 항아리 마음'이다. 항아리란 원래 속이 비어 있으며, 그 무엇인

가를 담기 위해 존재한다. 곡식이 담기거나 된장이나 간장이 담기기도 한다. 그때마다 항아리의 기능은 달라진다.

이 항아리의 기능은 '서정(抒情)'으로 이해할 수 있는 제목에서 드러난다. 곧 항아리는 창작의 마음이요, 시인의 창작 태도 그 자체이다. 그림을 그리는 화가가 될 수도 있고, 도자기를 빚는 도공이 될 수도 있겠다. 외부의 일에 연연하지 않고 예술혼을 불태우는 것이야 말로 진정한 창작의 길이라는 점을 말하는 시다.

시를 감상하는 동안 '그대 발길이 머무는 곳에'라는 음식점의 간판이 눈길을 끈다. 호젓한 마을을 지나며 누군가와 춘추공원의 조각 이름처럼 '숲속의 대화'를 나누고 싶은 곳이 양산이다.

지역별 문학 유적 현황

지역		시인	관련 작품 (※작품 배경)	형태	건립일 (비석기록일 기준)	소재지	비고
1	창원시	김태수	「어느 젊은 병사의 말」	복합시비	2008.4.	삼동동 산17-1 대상공원 (창원시 6·25참전기념비 우측)	
		이원수	「고향의 봄」	단독시비	1984	용지동 용지공원 (성산아트홀 좌측)	
		//	「고향의 봄」	(작품배경)	-	소답동 111번지	
		황선하	○ 「용지못에서」	(작품배경)	-	용지동 용지못 일대	
2	창원시 마산합포구·마산회원구	공정식	「염원(念願)」	복합시비	1994.3.	진북면 지산리 226-19 진북면보건소 우측 공원('평화통일' 기념비 좌측 하단)	
		구상	「진혼곡(鎭魂曲)」	단독시비	2010.3.15.	구암1동 국립 3·15민주묘지 입구 '詩가 있는 길'	
		권태응	「한 동네 사람」	단독시비	-	진북면 지산리 79-1 하북초등학교	동시
		권 환	「고향」	단독시비	1992.5.	산호2동 산호공원 '시의 거리'	
		김광림	「진달래」	단독시비	2010.3.15.	구암1동 국립 3·15민주묘지 입구 '詩가 있는 길'	
		김동명	「밤」	단독시비	-	진북면 지산리 79-1 하북초등학교	
		김병수	「금산에 살리라」	단독시비	2008.8.14.	진북면 금산리 금산마을 입구	
		김수돈	「우수의 황제」	단독시비	1973	산호2동 산호공원 '시의 거리'	
		김세익	「진혼가」	연립시비	2001.11.	구암1동 국립 3·15민주묘지 '기념시비'	
		//	「석류」	단독시비	2009.5.3.	산호2동 산호공원 '시의 거리'	
		김용호	「오월이 오면」	단독시비	1990	산호2동 산호공원 '시의 거리'	
		//	「해마다 4월이 오면」	연립시비	2001.11.	구암1동 국립 3·15민주묘지 입구 '詩가 있는 길'	
		김춘수	「베꼬니아 꽃잎처럼이나」	연립시비	2001.11.	구암1동 국립 3·15민주묘지 '기념시비'	
		김태홍	「관해정에서」	단독시비	1991.5.	산호2동 산호공원 '시의 거리'	
			「마산은!」	연립시비	2001.11.	구암1동 국립 3·15민주묘지 '기념시비'	
		노여심	「예뻐라」	단독시비	-	진북면 지산리 79-1 하북초등학교	동시
		박재호	「간이역」	단독시비	1990	산호2동 산호공원 '시의 거리'	
		박종해	「자유 민주 정의의 고향」	단독시비	2010.3.15.	구암1동 국립 3·15민주묘지 입구 '詩가 있는 길'	
		변승기	「죽어 말하는 나무들에게」	단독시비	2010.3.15.	구암1동 국립 3·15민주묘지 입구 '詩가 있는 길'	
		서정주	「찬시」	단독시비	1976.7.	가포동 국립마산병원	
		엄기원	「웃음」	단독시비	-	진북면 지산리 79-1 하북초등학교	동시
		유경환	「샘물」	단독시비	-	진북면 지산리 79-1 하북초등학교	동시
		이광석	「가자, 아름다운 통일의 나라로」	단독시비	2000.8.	산호2동 산호공원 '시의 거리'	
		이문구	「산 너머 저쪽」	단독시비	-	진북면 지산리 79-1 하북초등학교	동시
		이 석	「마산에서의 봄」	연립시비	2001.11.	구암1동 국립 3·15민주묘지 '기념시비'	
		이선관	「역시 마산은 이 땅의 변 방이 아니라는…」	단독시비	2010.3.15.	구암1동 국립 3·15민주묘지 입구 '詩가 있는 길'	

지역	시인	관련 작품(※작품 배경)	형태	건립일 (비석기록일 기준)	소재지	비고
창원시 마산합포구·마산회원구	이영도	「애가(哀歌)」	단독시비	2010.3.15.	구암1동 국립 3·15민주묘지 입구 '詩가 있는 길'	
	이원수	「고향의 봄」	노래비	1968.9.	산호2동 산호공원 '시의 거리'	
	//	「달」	단독시비	-	진북면 지산리 79-1 하북초등학교	동시
	이일래	「산토끼」	단독시비	1991.5.	산호2동 산호공원 '시의 거리'	
	이은상	「가고파」	단독시비	1970.10.	산호2동 산호공원 '시의 거리'	
	//	「가고파」	//	1981.9.	월영동 마산여객선터미널	
	//	「가고파」	//	-	월영동 돝섬 정상	
	//	「가고파」	//	1991.12.	자산동 통일동산	
	//	「가고파」	복합시비	2006.12.	양덕2동 934-3(석전동 석전삼거리 맞은편) ※ 마산시무공수훈자회에서는 '전공비공원'으로 부름. (사무국장)	
	이제하	「바다에서」	연립시비	2001.11.	구암1동 국립 3·15민주묘지 '기념시비'	
	이해인	「말의 빛」	단독시비	-	진북면 지산리 79-1 하북초등학교	
	임길택	「비 오는 날」	단독시비	-	진북면 지산리 79-1 하북초등학교	동시
	장하보	「송가」	연립시비	2001.11.	구암1동 국립 3·15민주묘지 '기념시비'	
	전용태	「초혼」	단독시비	2010.3.15.	구암1동 국립 3·15민주묘지 입구 '詩가 있는 길'	
	정공채	「하늘이여」	연립시비	2001.11.	구암1동 국립 3·15민주묘지 '기념시비'	
	정규화	「그리움에게」	단독시비	2010.3.15.	구암1동 국립 3·15민주묘지 입구 '詩가 있는 길'	
	정목일	「만날고개」	단독시비	2008.9.15.	월영동 산 176-2번지 만날공원	
	정영태	「피로 뿌린 씨 내일은 꽃피리」	연립시비	2001.11.	구암1동 국립 3·15민주묘지 '기념시비'	
	정진업	「갈대」	단독시비	1990	산호2동 산호공원 '시의 거리'	
	//	「삼풍대소사」	단독시비	1975.5.	내서읍 삼풍대공원	
	정혜진	「내 가슴엔」	단독시비	-	진북면 지산리 79-1 하북초등학교	동시
	조정남	「피빛 장미꽃 위에 나부끼는 것」	연립시비	2001.11.	구암1동 국립 3·15민주묘지 '기념시비'	
	천상병	「귀천」	단독시비	1992.5.	산호2동 산호공원 '시의 거리'	동시
	//	「새」	단독시비	2009.10.4.	월영동 산 176-2번지 만날공원(※ 9.24 제막식)	
	최명학	「애기봉 산자락엔」	단독시비	2010.3.15.	구암1동 국립 3·15민주묘지 입구 '詩가 있는 길'	
	홍현표	「고향무정」	연립시비	2001.11.	구암1동 국립 3·15민주묘지 '기념시비'	
	황선하	「창동불종거리」	단독시비	2010.3.15.	구암1동 국립 3.15민주묘지 입구 '詩가 있는 길'	
창원시 진해구	김달진	「열무꽃」	단독시비	1995.4.	태백동 진해시민회관 앞	
	//	「고향시초」	생가터		웅동1동 소사리 48번지	

지역	시인	관련 작품(※작품 배경)	형태	건립일 (비석기록일 기준)	소재지	비고
3 창원시 진해구	김달진	「씬냉이 꽃」	단독시비	2008	석동 우림필유 아파트 단지 내 산책로 (102동 앞)	
	류시화	「비 그치고」	단독시비	2008	석동 우림필유 아파트 단지 내 산책로 (116동 앞)	
	//	「여우 사이」	단독시비	2008	석동 우림필유 아파트 단지 내 산책로 (103동 좌측)	
	한상경	「나의 꽃」	단독시비	2008	석동 우림필유 아파트 단지 내(111동 앞)	
4 의령군	이광석	「산에 가면」	단독시비	2000. 5.	궁류면 평촌리 의령예술촌	
	이계수	「이파리 연가」	단독시비	2002. 12. 8.	궁류면 평촌리 의령예술촌	
	전문수	「무명」	단독시비	2000. 5.	궁류면 평촌리 의령예술촌	
5 함안군	박노정	「어머니」	단독시비	2007. 5.	군북면 하림리 마애사(공양간 입구)	
6 진주시	강희근	「덕의마을」	단독시비	1996. 7.	금산면 장사리 덕의마을	
	//	「망향비」	복합시비	2003. 8. 15.	판문동 진양호공원 내 구 선착장	
	//	「충혼의 소리」	복합시비	2002. 4.	판문동 진양호공원 내 충혼탑	
	변영로	「논개」	단독시비	1991. 3.	본성동 진주성(촉석루) 입구	
	설창수	「의랑논개의비」	단독시비	1954. 10.	본성동 진주성 촉석루 의기사 앞	
	//	「남강 가에서」	흉상	2001. 10. 3.	강남동 남강변(촉석루 맞은편 공원)	
	이은상	「나무의 마음」	단독시비	1994. 2.	이반성면 대천리 경상남도 수목원(입구 우측 100m)	
	이경순	「저 언덕」	단독시비	1989. 4.	본성동 남강교 서편 화단	
	이형기	「낙화」	병행시비	2000. 12.	신안동 녹지공원(최계락 시비와 동체)	
	최계락	「해 저문 남강」	병행시비	2000. 12.	신안동 녹지공원(이형기 시비와 동체)	
	최재호	「가을」	단독시비	-	상평동 삼현여자중학교 화단	
7 사천시	박재삼	「천년의바람」	단독시비	1988. 4. 10.	서금동 노산공원(산중턱 산책로 옆)	
	//	「울음이 타는 강」	단독시비	2004. 2.	서금동 노산공원(산책로 우측 입구 옆)	
	//	「내 고향 바다 치수」	단독시비	2004. 2.	서금동 노산공원(산책로 우측 입구 인근)	
	//	「젊은 삼천포」	단독시비	1987. 5. 12.	벌리동 사천시 청소년문화센터(우측 화단) (구. 삼천포 시청 청사)	
	//	「아득하면 되리라」	단독시비	2004. 3. 29.	삼천포대교 시민공원(대교 밑 화단)	
	//	○ 박재삼거리 안내판	안내판	2004. 2.	서금동 노산공원(산책로 좌측 입구)	
	//	○ 생가	생가	-	서금동 72번지(노산공원 100m 지점 땡초김밥 건물)	
	최송량	○「삼천포 바다」	※작품배경	-	사천 바다 일대	
8 고성군	박목월	「나그네」	단독시비	1997. 11.	고성읍 남산공원 입구	
9 남해군	문신수	○ 이웃 문신수 문학비	문학비	2003. 5.	서면 서상리 1182-9 남해스포츠파크호텔 앞 조각공원	소설·아동 학가

지역	시인	관련 작품(※작품 배경)	형태	건립일 (비석기록일 기준)	소재지	비고
남해군	※이성복	○「남해금산」안내판	안내판	-	상주면 상주리, 보리암 가는 길	
	※박영윤	○「상사바위」안내판	안내판	-	상주면 상주리, 보리암 가는 길	
통영시	김상옥	초정시비(비명) :「봉선화」,「어느 날」,「굽 높은 제기」,「백자부」,「참파노의 노래」,「느티나무의 말」,「가을 하늘」,「싸리꽃」	단독시비	2006.10.	동호동 남망산공원	
	//	「사향」	병행시비	-	동호동 김상옥 거리(황보당 우측)	
	//	○ 초정김상옥거리 안내판(「봉선화」소개)	※안내판	-	동호동 김상옥 거리 입구(황보당 벽면)	
	김춘수	「꽃」	단독시비	2007.11.29.	동호동 61번지(김춘수 시인 생가터 앞)	
	//	○ 김춘수 유품 전시관	전시관	2009.3.28.	봉평동 451번지(통영시 해평2길 2번)	
	//	「양극」	단독시비	-	동호동 김상옥 거리(대로변 황보당 우측)	
	//	「사마천」	단독시비	-	동호동 김상옥 거리(대로변 황보당 우측)	
	백석	「통영」	※작품배경	-	명정동 충렬사, 명정샘	
	유치환	「깃발」	단독시비	1974	동호동 남망산공원(오르막길 우측)	
	//	「행복」	단독시비	-	중앙동 통영중앙동우체국 앞	
	//	「향수」	단독시비	2006	중앙동 통영중앙동우체국 좌측 소공원 (좌측 10m 지점)	
	//	○ 청마 유치환상	흉상	2008.10.2.	중앙동 통영중앙동우체국 좌측 소공원 (좌측 10m 지점)	
	//	○ 청마문학관	문학관	2000.2.14.	정량동 863-1	
	정지용	「통영」	문학비	2010.2.26.	봉평동 미륵산 신선대	
	허영자	「하나로 이을 끈」	단독시비	2001.4.30.	서호동 통영여객터미널	
	※박경리	문학비	단독비	-	1. 중앙동 강구안 문화마당(중앙시장 맞은편 항만) 2. 윤이상 거리 근처 새터소설가	
거제시	유치환	「거제도 둔덕골」	단독시비	2007.12.20.	둔덕면 방하리 505-1 청마기념관 앞(생가 앞)	
	//	「출생기」	연립시비	2007.12.20.	둔덕면 방하리 505-1 청마기념관 앞(생가 앞)	
	//	「행복」	연립시비	2007.12.20.	둔덕면 방하리 505-1 청마기념관 앞(생가 앞)	
	//	○ 청마동상	전신동상	2007.12.20.	둔덕면 방하리 505-1 청마기념관 앞(생가 앞)	
	//	「행복」	단독시비	2005.5.	둔덕면 방하리 청마 묘소(청마기념관 인근 선산)	
	//	「바위」	단독시비	2005.5.	둔덕면 방하리 청마 묘소(청마기념관 인근 선산)	
	//	「낮달」	단독시비	2005.5.	둔덕면 방하리 청마 묘소(청마기념관 인근 선산)	
	//	「울릉도」	단독시비	2005.6.	둔덕면 방하리 청마 묘소(청마기념관 인근 선산)	
	//	「동백꽃」	단독시비	2007.5.	둔덕면 방하리 청마 묘소(청마기념관 인근 선산)	
	//	「깃발」	단독시비	2007.6.	둔덕면 방하리 청마 묘소(청마기념관 인근 선산)	

지역	시인	관련 작품(※작품 배경)	형태	건립일 (비석기록일 기준)	소재지	비고
11 거제시	//	「춘신」	단독시비	-	둔덕면 방하리 청마 묘소(청마기념관 인근 선산)	
	//	「그리움」	단독시비	-	장승포 여객선 터미널	
	//	「거제도 둔덕골」	단독시비	1989. 4.	둔덕면 사무소 삼거리	
	//	○ 사모비	비석	-	부모님 산소 앞	
	//	○ 시인청마유치환지상(비명)	흉상	2000. 10. 15.	둔덕면 방하리 청마 묘소	
	//	○ 청마기념관	문학관	2000. 10. 15.	둔덕면 방하리 505-1	
	이은상	「옥포대첩」	단독시비	2007. 12. 1.	옥포동 옥포여객선터미널 옆(좌측 10m지점)	
12 하동군	남대우	「하동포구」	노래비	1999. 4. 10.	하동읍 섬진강변 오룡정 공원(하동문화예술복지회관 200m 지점)	
	//	「하동포구」	단독시비	2001	하동읍 하동공원(갈마산) 시의 언덕	
	//	「보슬비」	단독시비	2008. 4. 19.	하동읍 하동공원(갈마산) 시의 언덕	
	정공채	「찬불이하동가」	단독시비	2008. 4. 19.	하동읍 하동공원(갈마산) 시의 언덕	
	김필곤	○「茶나무사랑」(비명)	비석	1991.	화개면 모암리(버스 정류소에서 10m 지점 대로변)	
	※ 김동현	○「상사의 내 하동」(비명)	노래비	2001.	악양면 평사리 평사리공원	
	※ 김태수	○「섬진강 탄곡」(비명)	노래비	2001.	악양면 평사리 평사리공원	
	※ 이명화	○「섬진강」(비명)	노래비	2001.	악양면 평사리 평사리공원	
	※ 김동리	○ 소설「역마」	조형물	2006. 3.	화개면 화개장터	
	박경리	○ 소설「토지」최참판댁	※작품배경	1997~2003	하동군 악양면 평사리	
	이병주	○ 나림이병주문학비(비명)	문학비	2002. 4. 3.	하동읍 섬진강변	
	이병주	○ 나림이병주문학비(비명)	문학비	2002. 4. 3.	하동읍 섬진강변 오룡정(하동문화예술복지회관 200m 지점)	소설…
	정종수	○「제3작품집」(비명)	문학비	2008. 4. 19.	하동읍 하동공원 섬호정 문학공원 시의 언덕	
13 산청군	나해철	「강강수월래」	연립시비	2002. 8.	시천면 중산리 지리산 빨치산토벌전시관	
	신동엽	「봄은」	연립시비	2002. 8.	시천면 중산리 지리산 빨치산토벌전시관	
	안석주	「우리의 소원」	연립시비	2002. 8.	시천면 중산리 지리산 빨치산토벌전시관	
	천상병	「귀천」	단독시비	2002. 5. 12.	시천면 중산리 중산관광단지(건립 당시 위치) 시천면 중산리 지리산 빨치산토벌전시관 앞(현)	

지역	시인	관련 작품(※작품 배경)	형태	건립일 (비석기록일 기준)	소재지	비고
함양군	허영자	「돌에 새기고 마음에 새기는」	단독시비	2001.10.25.	지곡면 함양 IC 진입 고속도로변 ('충효의 고장 함양' 표지석 앞)	
거창군	김상훈	「종다리」	단독시비	2003.8.	가조면 일부리 가조온천단지(백두산 온천 뒤, 마이다스 온천 좌측 공원)	
합천군	이수정	「아침1」,「반딧불」	단독시비 (양면)	1989.4.5.	삼가면 용흥리 묘소 앞	
	이원수	「고향의 봄」	노래비	-	봉산면 상현리 수몰지구 옆 도로변 (상현휴게소에서 거창 방면 2Km지점)	
	이주홍	「대야실 강변은」, 「해같이 달같이만」	연립시비	2006.12.31.	합천읍 합천리 일해공원(구. 새천년 생명의 숲)	
	//	○ 이주홍상	전신상 (벤치좌상)	2006.12.31.	합천읍 합천리 일해공원(구. 새천년 생명의 숲)	
	//	「해같이 달같이만」	단독시비	1968	합천읍 합천리 합천초등학교 앞동산	
창녕군	강홍운	「낙동강」	단독시비	2002.3.	남지읍 용산리 남지체육공원	
	이일래	「산토끼」	노래비	1978.11.27. 1997.12.23.	이방면 안리 828 이방초등학교	
	//	○ 이일래동요비	나열형시비	2007.8.26.	이방면 안리 828 이방초등학교	
	//	○ 동상	흉상	2007.8.26.	이방면 안리 828 이방초등학교	
김해시	김종출	○ 가산김종출문학비 (비명)	단독비	2002.2.	김해시 구산동 국립김해박물관 앞 도로변(분수대 우측)	평론가
	김원일	○ 김원일문학비 (비명)	단독비	2005.11.	진영읍 여래리 금병공원	소설가
	이윤재	○ 한뫼 이윤재선생 기념조형물 (비명)	조형물	2006.6.	외동 김해문화원 뒤 나비공원	한글학자, 애국지사
	//	○ 환뫼 이윤재 선생 어록비 (비명)	단독비 (흉상)	1991.3.1.	회현동 김해도서관 앞	
밀양시	이재금	「도래재」	단독시비	1999.5.23.	삼문동 솔밭공원(남천강변)	
양산시	구권자	「노을에 서서」	단독시비	2006.11.	하북면 백록리 1305-1 도자기공원 입구	
	박정이	「목련화」	단독시비	2006.11.	하북면 백록리 1305-1 도자기공원 입구	
	성태진	「짝사랑」	단독시비	2006.11.	하북면 백록리 1305-1 도자기공원 입구	
	안도섭	「서정가」	단독시비	2006.11.	하북면 백록리 1305-1 도자기공원 입구	
	이남웅	「어머니」	단독시비	2006.11.	하북면 백록리 1305-1 도자기공원 입구	
	이봉영	「소리바다」	단독시비	2006.11.	하북면 백록리 1305-1 도자기공원 입구	
	장경태	「돌꽃」	단독시비	2006.11.	하북면 백록리 1305-1 도자기공원 입구	
	정정희	「나의 선생님」	단독시비	2008.11.9.	어곡동 어곡주민공원	

지역	시인	관련 작품(※작품 배경)	형태	건립일 (비석기록일 기준)	소재지	비고
20	양 산 시	최길준	「닻」	단독시비	2008.11.9.	어곡동 어곡주민공원	
		이원수	「고향의 봄」	노래비	1986.10.	교동 춘추공원(입구에서 50m 지점)	

[참고]

① 작품명은 모두 한글로 표기.

② 저자에 ※ 표시가 된 것은 해당 유적의 관련 문학인이 시인이 아니거나 시비(기본적으로 돌에 새겨진 것)의 형태가 아닌 것.

③ 관련 작품에 ○표시가 된 것은 시(시조)가 아니거나 시비의 형태가 아닌 것.

[용어 정의]

1. 단독시비 : 시비 자체가 목적이며, 독립적으로 조성되어 있는 형태.

2. 복합시비 : 시비 자체가 목적이 아니고 특별한 목적의 일환으로 다른 구조물과 같이 조성되어 있는 경우.

3. 병행시비 : 시비 자체, 혹은 문학성에 목적을 두고 있고 둘 이상의 시비가 양면으로 붙어 있거나 다른 구조물과 같이 조성되어 있는 경우.

4. 연립시비 : 시비들이 연립하여 있는 형태.

5. 나열시비 : 독립된 비들이 죽 늘어서 있는 형태.

6. 노래비 : 노랫말이 가사 단독으로, 혹은 곡과 함께 기록되어 있는 형태.

참고문헌

강진호, 『한국 문학, 그 현장을 찾아서』, 계몽사, 1997.

강희근, 『경남문학의 흐름』, 보고사, 2001.

경남문인협회, 『경남 소재 시·산문집』, 도서출판 경남, 2002.

_____, 『경남문학 대표선집(시, 시조)』, 도서출판 불휘, 1997.

_____, 『경남문학사』, 도서출판 불휘, 1995.

_____, 『경남의 명소를 찾아서』, 도서출판 경남, 2003.

_____, 『아! 낙동강이여 낙동강이여』, 도서출판 경남, 2006.

경남문학관, 『경남문학연구』, 도서출판 경남, 2002.

경남시조시인협회, 『경남시조사반세기』, 도서출판 경남, 2007.

김달진문학관, 『경건한 정열』, 도서출판 불휘, 2005.

김복근, 『노산시조론』, 도서출판 경남, 2008.

김봉우, 『경남의 옛길, 옛길의 문화』, 집문당, 2006.

김정동, 『문학 속 우리 도시 기행』, 푸른역사, 2005.

김학동, 『시인의 고향』, 새문사, 2000.

김훈·박래부, 『김훈·박래부의 문학기행』, 따뜻한 손, 2008.

동국대 한국문학연구소, 『한국문학지도』, 계몽사, 1996.

동양일보 출판국, 『문학기행』, 동양일보 출판국, 1995.

마산문인협회, 『마산시인들의 노래 3』, 도서출판 불휘, 2009.

마산시, 『마산의 문학동인지.1』, 마산문학관, 2007.

목진숙, 『명산유적』, 교음사, 1995.

박태일, 『경남·부산지역문학 연구 1』, 청동거울, 2004.

_____, 『두류산에서 낙동강에서』, 경남대학교 출판부, 1997.

사찰문화연구원, 『경남의 전통사찰』, 사찰문화연구원, 2005.

3.15의거기념사업회, 『너는 보았는가 뿌린 핏방울을』, 도서출판 불휘, 2001.

신정일, 『영남대로』, 휴머니스트, 2007.

유재천 외, 『김용호 시연구』, 박이정, 2008.

이정란, 『시비로 만나는 아름다운 시』, 예문당, 2005.

이주홍 문학재단, 『이주홍 문학저널』, 세종출판사, 2005.

이창룡, 『누각과 정자에서 읊은 남도의 시정』, 푸른사상, 2007.

정규화, 『慶全線 역말』, 불휘, 1992.

창원교육청, 『창원문학지도』, 남성기획, 2000.

한국문화관광연구원, 『한국의 지역문화』, 대왕사, 2008.

한국문화유산답사회, 『답사여행의 길잡이 14/경남』, 돌베개, 2007.

한정호 엮음, 『빗돌에 새긴 문학』, 마산문학관, 2007.

허만하, 『靑馬풍경』, 솔, 2002.